ARMORIAL

DE LA

NOBLESSE DU POITOU

EN 1789

POITIERS. — TYPOGRAPHIE ET STÉRÉOTYPIE BOILEAU ET RAIMOND.

ARMORIAL

DE LA

NOBLESSE DU POITOU

CONVOQUÉE POUR LES ÉTATS GÉNÉRAUX

EN 1789

PAR

ARMAND DE LA PORTE

MEMBRE DE LA SOCIÉTÉ DES ANTIQUAIRES DE L'OUEST,
CHEVALIER DE LA LÉGION D'HONNEUR, DU SAINT - SÉPULCRE DE JÉRUSALEM,
DE N.-D. DE LA CONCEPTION DE PORTUGAL, ETC.,
OFFICIER D'ACADÉMIE.

POITIERS

TYPOGRAPHIE ET STÉRÉOTYPIE BOILEAU ET RAIMOND

RUE PLACE D'ARMES, 26

NIORT	PARIS
Chez L. CLOUZOT, éditeur	Chez DUMOULIN, libraire
DES OUVRAGES SUR L'HISTOIRE DU POITOU	DE LA SOCIÉTÉ DES ANTIQUAIRES DE FRANCE
50, rue des Halles	13, Quai des Grands-Augustins

1874

PRÉFACE

—

Le Nobiliaire d'une province ne doit contenir ni erreurs, ni omissions. En attendant qu'un patient érudit parvienne à doter le Poitou d'un livre de ce genre, il appartient à chacun de nous de lui préparer des matériaux. C'est dans ce sens que doivent être appréciés : l'*État des nobles du Poitou en 1529, de M. Ravan;* les *Roolles des bancs et arrière-bancs de la province du Poitou, de Pierre de Saulzay;* l'*Armorial de la noblesse du Poitou à l'époque de la réformation de 1667, par M. Gouget;* le *Mémoire concernant l'état de la noblesse* (de Colbert), *par M. Dugast-Matifeux;* le *Dictionnaire des familles de l'ancien Poitou, par MM. Bauchet-Filleau et de Chergé ;* enfin, l'*Armorial des gentilshommes électeurs du Poitou aux États Généraux de 1789, que nous publions aujourd'hui.* C'est dans le même but que nous appelons de tous nos vœux la publication du *Recueil des maintenues de noblesse de 1716, par Quentin de Richebourg;* du *Recueil des maintenues de noblesse de 1667, par H. Barentin;* de celui des *Maintenues de noblesse de 1599, par Gauthier de Sainte-Marthe ;* de celui des *Maintenues de 1584,* etc.

Je me suis servi, pour établir cet *Armorial,* des listes publiées par mon savant confrère M. Bardy et par MM. de la Roque et de Barthélemy. En m'aidant des ouvrages de généalogies et des noms des seigneuries anciennement possédées par nos maisons nobles, je me suis appliqué à grouper les personnes par familles. J'ai cherché à rétablir les noms qui avaient été altérés par le greffier de l'Assemblée, en indiquant ses fautes par une forme particulière de caractères d'imprimerie; enfin je me suis aidé de tous les recueils manuscrits ou imprimés des dépôts publics, pour donner exactement les armoiries de chacun.

Malgré tous mes soins, mon livre est loin d'être exempt d'erreurs; je corrigerai avec empressement toutes celles qu'on voudra bien me signaler.

Poitiers, le 15 octobre 1873.

A. DE LA PORTE.

ARMORIAL

DE LA NOBLESSE DU POITOU

EN 1789

A

AAGE (de l'). — François-René de l'Aage, chev., seig^r de la Bretollière, le Maignoux, Foussac, capitaine au régiment de Vermandois, chev. de Saint-Louis.

Armes : *d'azur au croissant d'argent surmonté d'une étoile d'or.*

ABBADIE (d'). — d'*Abadie*, seig^r de Sautenon.

Armes : *de gueules chargé d'un heaume d'or.*

ACHARD D'ARGENCE. — François Achard, comte d'Argence, seig^r de Dissais.

Armes : *coupé au 1er d'argent à trois fusées de gueules surmontées de trois delta de sable entrelacés, qui est Achard, au 2e d'argent à deux léopards de gueules l'un sur l'autre, qui est Tizon d'Argence.*

Nota. — Cette liste comprend les noms de tous les gentilshommes qui ont été convoqués dans les sénéchaussées ou baillages de Poitiers, Civray, Saint-Maixent, Fontenay, Lusignan, Montmorillon, Niort, Vouvent, Châtellerault, Loudun et Montaigu, qui composaient l'ancien Poitou.

AGUE DE LA VOUTE. — Charles-René Ague de la Voûte, chev., officier au régiment d'Agenois.

Armes : *de gueules à trois chevrons d'argent.*

ALGRET D'AULUDE (d')? — Charles-César *Dalgré Dallède,* écuyer, chev., seig^r de Ferrières, St-Mandé, etc.

Armes.....

ALOIGNY (d'). — Charles-François, marquis d'Aloigny-Rochefort, chev., seig^r de la Grosselière, Chazay et autres lieux. — Charles-Guy, marquis d'Aloigny.

Armes : *de gueules à trois fleurs de lis d'argent posées 2 et 1.*

ANGELY (d'). — Pierre *Angely,* chev., seig^r de Furichard. — Antoine *Angely,* seig^r de Sainte-Foy et de l'Age. — *Angely* de Foncreux, seig^r de l'Age, Sainte-Foy, chev. de Saint-Louis.

Armes : *d'argent à quatre croix cantonnées de sinople.*

ANGEVIN DE LA REVETISON. — Louis Angevin de l'*Arvetison,* chev., seig^r de Maisons, le Palée, ancien lieut. col. du régiment de Berry-Infanterie, chev. de Saint-Louis.

Armes : *d'argent au chevron de gueules accompagné en chef d'un croissant accosté de deux étoiles et en pointe d'un arbre de même.*

APPELLEVOISIN (d'). — Charles-Gabriel-René d'Appellevoisin, marquis de la Roche-du-Maine, seig^r d'Appellevoisin, Bellefoy, le Deffand et autres lieux, maréchal des camps et armées du roi, seig^r de Senon, le Fou, le Plessis et autres lieux, chev. de Saint-Louis.

Armes : *de gueules à une herse d'or de trois traits.*

ARCEMALE (d'). — Claude-Antoine *Daromal*, écuyer, chev., seig^r de la Fraigelière.

Armes : *d'azur au chevron d'argent accompagné en pointe d'un croissant renversé de même.*

ARGENCE (d'). — Félix d'Argence, seig^r de Boistrichet, la Boitrollière et autres lieux. — Charles-Alexis d'*Argens*, écuyer, seig^r du Souci, la Barbotière et autres lieux, ancien capitaine, chev. de Saint-Louis. — Henri-Louis d'*Argens*, seig^r de la forêt d'Aloigny et autres lieux.

Armes : *de gueules à la fleur de lis d'argent.*

ARGICOURT (d'). — La marquise d'Argicourt, dame de Cremault.

Armes : *d'or au lion de gueules à trois chevrons émanchés d'azur et d'argent, brochant.*

ARNAC (d'). — Dame veuve *Darnac*, dame de la terre et seigneurie du Breuil.

Armes : *de gueules à sept annelits d'or, posés 3, 3 et 1.*

ARSAC (d'). — Gabriel, marquis d'Arsac et Ternay, chev. de Saint-Louis, ancien capitaine de dragons. — René-Louis-Henri-Jérôme, comte d'Arsac de Ternay, chev., seig^r des *Roches-Raboté*, le Houdan, etc., chev. de Saint-Louis.

Armes : *d'argent au chevron de sable chargé de trois coquilles d'or.*

ARTAGUETTE (d'). — Dame Jeanne-Marie-Victoire *Dartaguette*, Dirou de la Hette, épouse du duc d'*Escars*, dame de Targé, Montoiron et autres lieux.

Armes : *d'or à trois pieds d'oiseau au naturel.*

ARTOIS (Mgr le comte d'). — Mgr le comte d'Artois, apanagiste du Poitou, fils de France, frère du roi.

Armes : *de France au lambel de gueules châtelé de 9 pièces d'or, 3 sur chaque pendant, en pal.*

ASNIÈRES (d').— Jean d'Asnières, marquis d'Asnières, de Châtaigneraie, chev. de Saint-Louis.

Armes.....

ASNIÈRES (d'). — Jacques-Abraham *Dasnières* de Villefranche, écuyer.—Henri *Dasnières*, seig^r de Saint-Etienne-du-Bois et Grand-Lande.

Armes..... (1)

ASSÈME (d')? — Joseph-Urbain d'*Assème*, seig^r de Peuvrisseau.

Armes.....

AUBARBIER. — Charles Aubarbier de Manègre, écuyer, seig^r de Villatte, le Marchais et autres lieux, ancien capitaine de cavalerie, chev. de Saint-Louis.

Armes.....

AUBENTON (d'). — François-Ambroise d'*Obanton*, chev., seig^r de Marçay, Nouaillé, Ribemont et autres lieux, conseiller d'État.

Armes : *d'azur à trois peignes ou rateaux d'or.*

AUBERT DE COURSERAC. — Dame Marie-Jeanne de la Laurencie, veuve de Denis Aubert *Decoursenac.*

Armes : *losangé de gueules et d'azur à la bande d'or brochant sur le tout.*

---

(1) Il n'est pas absolument certain que ces trois noms appartiennent à la même famille.

AUBERT DE PEYRELONGE (d'). — François *Dauber*, chev. de *Pierrelongue*, capitaine d'infanterie, seig^r de la Petelière, Quinnevault et la Robinière.

Armes : *d'azur au pal d'argent accosté de quatre étoiles d'or; au chef cousu de gueules chargé d'une fasce ondée d'argent.*

AUBERY (d'). — Charles-Marie-Jean-Baptiste, marquis *Daubery*, commissaire de la noblesse du Châtelleraudais, capitaine de chasseurs, seig^r de Parchigny, la Fontaine et autres lieux.

Armes : *d'or à cinq trangles de gueules.* Alias : *de gueules à un croissant d'or accompagné de trois trèfles d'argent, 2 en chef et 1 en pointe.*

AUBOUTET (d'). — Jean-Victor *Aubouté*, chev., seig^r de la Puiserie, la Cadrie et autres lieux.

Armes : *d'or au chevron de gueules accompagné de trois merlettes de sable posées 2 et 1.*

AUBUSSON LA FEUILLADE (d'). — Pierre-Armand, vicomte d'Aubusson la Feuillade, comte de la Feuillade, baron de la Borne et Péruse, seig^r de Villers, marquis de Castel-Nouvel.

Armes : *d'or à la croix ancrée de gueules.*

AUDAYER. — François *Audayé*, chev., seig^r de la Forêt-sur-Sèvres et autres lieux.

Armes : *de gueules à la croix ancrée d'or.*

AUDEBERT. — Jean-Antoine Audebert, chev., seig^r du Vieux-Ayron. — Louis Audebert, chev., seig^r de Nieul et Voulesme.

Armes : *d'azur au sautoir d'or.*

AUGIER DE MOUSSAC. — Demoiselle Augier de Moussac, propriétaire du fief de Cougouille. — Antoine-Charles-Pierre Augier, chev., seig^r de Cremiers, Boisnard et autres lieux. — Jean-François Augier, chev., seig^r *Demoussac.*

Armes : *d'argent au chevron d'azur accompagné en chef de deux croissants de gueules et en pointe d'un arbre de sinople posé sur un rocher du troisième émail, au chef d'azur chargé de deux étoiles d'or.*

AUGRON. — Jean-Anne-Olive Augron du Temple, seig^r de la Bujaudrie. — François-Armand *Augeron* du Temple, chev., seig^r de Buzais.— Jacques-François Augron, chev., seig^r de Rouilly.

Armes : *d'argent au chevron d'azur accompagné de trois hermines de sable.*

AULX (d'). — René *Daux,* chev., seig^r de Bourneuf.

Armes : *d'or à la bande bretessée de gueules.* Alias : *d'or au lion de sable, au chef de gueules chargé de trois fers de lance à l'antique d'argent.*

AURAY DE BRIE (d'). — Jean-François *Dauray ,* vicomte de Brie, chev., seig^r de Saint-Pierre-de-Lille, Ciré, Saint-Brice, Saint-Même et autres lieux.

Armes : *losangé d'or et d'azur.*

AUTHIER (du). — Jean-Baptiste du *Haulier,* baron d'Auriac.

Armes : *de gueules à la bande d'argent accompagnée en chef d'un lion rampant d'or, couronné de même, et en pointe de trois coquilles d'or mises en bande.*

AUZY (d'). — Charles-Céleste *Dauzy*, chev., seig^r de Montaillon. — Antoine-Louis *Dauzy*, seig^r du Breuil. — Auguste-Gédéon *Dauzy*, chev., seig^r de François.

Armes : *d'azur à trois fasces d'or.*

AVICE DE MOUGON. — Dame Catherine-Ursule-Antoinette Avice, veuve de messire Amater Avice, seig^r de Mougon. — Dame veuve de Mougon, dame du fief d'Oiseau-Melle.

Armes : *d'azur à trois diamants taillés en triangle, posés 2 et 1.*

AYMÉ. — René *Aimé*, seig^r de la Fortranche.

Armes : *de sable au palmier arraché d'argent, adextré et senestré d'un croissant de même.*

B

BABIN. — Joseph-Adrien Babin, chev. de Lignac. — Jacques Babin, chev., seig^r de Lugegoué.

Armes : *d'argent à quatre burelles d'azur, à trois chevrons d'argent brochant sur le tout.*

BABINET. — François Babinet de Rancogne, ancien garde du corps du roi. — Pierre Babinet, écuyer, seig^r de Rancogne. — Pierre Babinet de Ranville, écuyer, seig^r d'Auge et autres lieux, chev. de Saint-Louis, pensionné du roi. — Pierre Babinet, écuyer, seig^r de Chaume-Nouzières, la Morandrie, Damon et autres lieux. — Pierre Babinet, écuyer, seig^r de Montegon, Peyraud, Chafaroux.

Armes : *d'azur au chevron d'or, accompagné de deux étoiles de même en chef et d'un croissant d'argent en pointe.*

BACHELERIE (de la). — Jacques de la Bachelerie, seig^r de Neuvialle, Pers, etc.

Armes : *de gueules au lion rampant d'or, à trois barres de sable brochant.*

BADREAU.— Armand *Badreaux*, chev., seig^r de Soulans et autres lieux. — Louis-Joseph *Badreaux*, chev., seig^r de Boiscorbeau et autres lieux.

Armes : *barré de sable et d'or de six pièces à un aigle de gueules brochant sur le tout.*

BARBARIN. — Louis Barbarin, écuyer, seig^r de Puy-fraigneau.

Armes : *d'azur à trois barbeaux d'argent en fasce, celui du milieu regardant à senestre et les deux autres à dextre.*

BARBEZIÈRES (de). — Charles de Barbezières, chev., seig^r de la Chapelle et autres lieux.

Armes : *d'argent à une fasce fuselée de gueules de cinq pièces.*

BARDIN (de). — Charles, chev. de Bardin. — Henri, comte de Bardin, seig^r du Puy et Liglet.

Armes : *de sinople à trois dauphins d'argent.* Alias : *d'argent à l'aigle éployé de sable.*

BARLOTIÈRE (de la). — Jean de la Barlotière, écuyer, seig^r de la Gibetière.

Armes : *de sable à trois fasces d'argent et trois chevrons d'azur brochant sur le tout.*

BARRE (de la). — Le comte de la Barre, seig^r du Bas-Boutigny. — Gaspard-Joseph-Alexis-Thibaut, comte de la Barre, seig^r de Lubersac. — François de la Barre, chev., seig^r d'Artiges. — Jacques de la Barre, chev., seig^r de la Guérivière et autres lieux.

Armes : *d'argent à la bande d'azur chargée de trois coquilles d'or et accompagnée de deux merlettes de sable posées 1 en chef et 1 en pointe.*

BARRÉ. — Philippe Barré de la Plicotière, chev., seig^r de la Cour et autres lieux. — Jean-Baptiste Barré, greffier de la subdélég. de Saumur, tuteur du fils de feu Chebrou du Petit-Château.

Armes : *barré de gueules et d'argent de six pièces à un aigle d'azur brochant sur le tout.*

BARRET. — Nicolas-Hubert Barret de Rouvray, seig^r de la Gerbaudière et autres lieux, capitaine au régiment de Touraine, chev. de Saint-Louis.

Armes.....

BARTHON DE MONTBAS. — Jean-Louis-Thibaut *Barton*, chev., seig^r vicomte de Montbas.

Armes : *d'azur au cerf d'or au repos ; au chef échiqueté d'or et de gueules de trois tires.*

BAUDRY (de). — Jacques-Louis-Gabriel *Baudry*, seig^r de la Burcerie. — Gabriel-René *Baudry*, seig^r de la Vesquière.

Armes : *parti, au 1er fascé d'argent et d'azur de six pièces, au 2e d'azur à deux chevrons d'or, accompagnés en pointe d'une étoile de même, soutenue d'un taillé d'or.* Même famille que :

BAUDRY D'ASSON (de). — Jacques-Gabriel de Baudry *Dasson*, seig^r de Chassenon. — Gabriel *Baudry* d'Asson, seig^r de Brachin. — Charles-Antoine-René

Baudry Dasson, seig^r de Puyravault. — Charles-Marie-Esprit-Nicolas *Baudry* d'Asson, seig^r de Coudelière. — Dame veuve du seig^r *Baudry* d'Asson, seig^r de Coudelière.

Armes : *fascé d'or et d'argent de six pièces.*

BAULT (le). — Le Bault, chev., seig^r de la Marinière.

Armes : *d'argent au cerf passant au naturel, soutenu par deux aigles de sable.*

BEAUCHAMPS (de). — Charles-Grégoire de Beauchamps, marquis de Beauchamps, seig^r du Grand-Fief et autres lieux.

Armes : *d'azur à un aigle au vol abaissé d'argent.*

BEAUDEAN DE PARABÈRE (de). — Louis-Barnabé de Beaudean, comte de *Parabert*, baron et vicomte de Pardaillan, premier baron d'Armagnac.

Armes : *écartèle, au 1 et 4 d'or à l'arbre de sinople qui est Beaudean, au 2 et 3 d'argent à deux ours en pied de sable qui est Parabère.*

BEAUHARNAIS (de). — *Beauharnais*, officier aux gardes françaises, comte des Roches-Beauharnais.

Armes : *d'argent à la fasce de sable accompagnée en chef de trois merlettes de même.*

BEAUREGARD (de). — Jacques-Marie-Georges de Beauregard, chev., seig^r de Dompierre et de la Mortallière. — Charles-René de Beauregard, chev., seig^r de la Rivière. — de Beauregard, seig^r de Tibardière.

Armes : *d'or à la bande d'azur accompagnée de trois lamproies naissantes de sable 2 en chef et 1 en pointe.*

BEAUVOLLIER (de). — Louis-Pierre de *Beauvallier*, écuyer, seig^r de Saintmarçole.

Armes : *de gueules à deux fers de lance mornés et contrepointés d'argent.*

BECHILLON (de). — Charles de Bechillon, chev., seig^r de Livrai. — Charles-Sylvain de Bechillon de Pressac, seig^r de Minière et la Minaudière. — Charles *Bechillon*, chev., seig^r de Lepinoux.

Armes : *d'argent à trois fusées de sable mises en fasce.*

BEDEAU. — Guillaume-Laurent Bedeau, chev., seig^r de la Roche-Liguionnière, la Clerbaudière et autres lieux.

Armes : *d'azur au chevron d'or accompagné en chef de 3 merlettes d'argent et en pointe d'une masse d'or.*

BEJARRY (de). — François de Bejarry, chev., seig^r de la Roche-Gueffier. — Dame Françoise de Bejarry.

Armes : *de sable à trois fasces d'argent.*

BELCASTEL (de). — Jean-Baptiste *Belustet*, seig^r de Lairé, Linazai et autres lieux.

Armes : *d'azur à la tour d'argent sommée de trois donjons de même, crénelés, ajourés et maçonnés de sable.*

BELMOUDIE (de)? — de *Bellemondie*, comte d'Auberoches.

Armes.....

BELLIN DE LA BOUTAUDIÈRE. — Jean-Philippe Bellin de la Boutaudière, chev., seig^r de Froze, chev. de Saint-Louis. — Léon-Charles *Belin* de la Liborlière.

Armes : *d'or au lion de gueules, au chef d'azur chargé de trois étoiles d'or.*

2

BELLIVIER (de). — Jean-Louis *Bellivier* de Prins, écuyer, seig^r de la Barre et autres lieux.

Armes : *de gueules, à trois fers de lance d'argent posés 2 et 1.*

BERAUDIÈRE (de la). — Demoiselle Françoise-Marguerite de la Beraudière de l'Ile-Rouhet, dame de la Motte-Beaumont, Chèze, Augonnières, Mauvoisin, etc.

Armes : *écartelé, au 1 et 4 d'azur à la croix fourchée d'argent ; au 2 et 3 d'or à l'aigle éployé de gueules, armé, lampassé et couronné de sinople.*

BERAULT. — Augustin-Edouard *Bereau*, seig^r de Langle et autres lieux.

Armes : *de gueules au loup cervier d'argent, à trois coquilles de même, 2 en chef et 1 en pointe.*

BERMONDET DE CROMIÈRES (de). — Philippe-Armand de *Bennodel*, marquis de Cromières.

Armes : *d'azur à trois mains gauches de carnation renversées en pal.*

BERNARDEAU. — Henri-Joseph *Bernadeau*, seig^r d'Aigue. — Honoré Bernardeau, seig^r de la Cossonière.

Armes : *d'azur au chevron d'or, accompagné en chef de deux étoiles et en pointe d'un soleil de même.*

BERNON (de). — Jean de Bernon, chev., seig^r de Puymerigou.

Armes : *de gueules à quatre roses d'or posées en pairle.*

BERNON (de). — Henri-Pierre-Benjamin de Bernon, chev., seig^r de Puytumer et autres lieux.

Armes : *d'azur au lion d'or armé et lampassé de gueules.*

BERTHELIN DE MONTBRUN. — Jean-Gabriel-Simon Berthelin, comte de Montbrun, seig^r d'Aiffre.

Armes : *d'argent au chevron d'azur accompagné en chef de deux fleurs de lis de même et en pointe d'une moucheture d'hermine de sable.*

BERUYÈRE DE SAINT-LAON (de la) ? — Urbain-Louis de la Beruyère de Saint-Laon, seig^r du Carroix et des Sicaults, garde du corps, capitaine de cavalerie.

Armes.....

BESSAC (de). — René-Jacques de Bessac, seig^r de Feuilletrie, Saint-Saviol et autres lieux.

Armes : *d'or au lion de sable, lampassé et armé de gueules, accompagné de deux étoiles d'azur, l'une en chef et l'autre au flanc gauche de l'écu.*

BESSAY (de). — Esprit, chev. de Bessay.

Armes : *de sable à quatre fusées d'argent posées en bande.*

BETHUNE-CHAROST (de). — Armand-Joseph de Bethune, duc de Charost, pair de France. — Armand-Louis-François-Edme de Bethune, comte de Charost, seig^r de Gascougnolles et de Vouillé.

Armes : *d'argent à la fasce de gueules accompagnée en chef d'un lambel de même.*

BETTLAND DE COLOMBIE. — Jean Bettland de Colombie, ancien gendarme de la garde du roi, seig^r de la Cousse et du Perusson.

Armes.....

BEUF (le). — Charles-Bonaventure Le Beuf, chev., seig^r du Moulinet. — Pierre-Léon Le Beuf, chev., seig^r de Rivière. — Henri-Modeste-Briant Le Beuf, seig^r de Saint-Mars et autres lieux.

Armes : *d'argent à un aigle éployé de sable, becqué et membré de gueules.* Alias : *de gueules à un bœuf d'or.*

BEUFVIER (de). — Anastase-Alexis-Eulalie de Beuf-vier, marquis de Poligny, grand sénéchal du Poitou. — Charles-Alexis de Beufvier, seig^r de la Sécherie. — Augustin, chev. de *Beuvier*, seig^r de la Louerie.

Armes : *d'azur à trois rencontres de bœuf d'argent couronnées d'or.*

BIELLE (de). — Pierre-Célestin-Charles, écuyer, chev., seig^r de Bielle, de Creux, ancien capitaine d'infanterie.

Armes.....

BIENCOURT (de). — Charles, marquis de *Biancourt*, seig^r de la Fortillière.

Armes : *d'azur au lion d'argent couronné de laurier et appuyé sur une branche de même d'argent.* Alias : *d'argent au lion d'azur, langué, onglé et couronné de gueules.*

BIDEAULT. — Jacques-Charles Bideault de la Chauvetière.

Armes : *d'argent à un cerf de gueules sortant d'un bois de sinople et blessé d'un dard de sable.*

BLOM (de). — François-Gabriel de Blom, chev., seig^r de la Tiffonnière, Maugeix et autres lieux, chev. de Saint-Louis.

Armes : *d'argent au sautoir de gueules, cantonné de quatre croisettes de gueules.*

BLONDEAU. — Charles Blondeau du Parcq, écuyer.
Armes.....

BOCHARD? — Louis-Joseph Bochard, chev. de Saint-Surin.

Armes : *d'azur à un croissant d'argent surmonté d'une étoile d'or.*

BODET. — Léonard-Louis-Charles Bodet, chev., seig^r de la Fenestre, seig^r dudit lieu. — Charles-Andrien Bodet, chev., seig^r de la Forêt-Montpensier, ancien capitaine d'infanterie, chev. de Saint-Louis.

Armes : *d'azur à une épée d'argent posée en pal, et une trangle de gueules en chef brochant.*

BODIN. — Charles-Louis-Marie Bodin, chev., seig^r des Coteaux, la Tauchère, chev. de Saint-Louis. — Louis-Abraham Bodin, seig^r de la Guevrie et autres lieux.

Armes : *d'azur à neuf besants d'or mis 4 à 4 en pal sur chaque flanc de l'écu et 1 en pointe.*

BOIS (des). — Claude-Estienne-Annet, comte des Bois.
Armes.....

BOIS DE SAINT-MANDÉ (du). — Guillaume-Alexandre *Dubois* de Saint-Mandé, seig^r de l'Herpinière. — Jacques-Alexandre *Dubois* de Saint-Mandé, seig^r de Courpesaux. — Charles-Amédée *Dubois* de Saint-Mandé.

Armes : *d'or à trois tourteaux de gueules.*

BOISNET DE LA FREMAUDIÈRE. — Joseph Boisnet, chev., seig^r de la Tour et de Saint-Julien-l'Ars. — Paul *Bonniet*, chev., seig^r de Marigny-Brisay, Barge et autres lieux.

Armes : *d'argent au chef d'azur, au lion rampant de guoules brochant.*

BOISSEAU (de). — François *Boisseau*, écuyer, seig^r de la Borderie et autres lieux. — Jacques *Boisseau*, chev. d'Artiges. — Joseph-François *Boisseau*, seig^r de Ruot. — Pierre *Boisceau*, écuyer, seig^r de la Borderie.

Armes : *d'azur à trois boisseaux d'or.*

BOISSON (de). — Demoiselle Marie-Anne-Victoire-Joséphine Boisson de la Couraizière, dame de Vaux et autres lieux.

Armes : *d'azur au chevron d'or chargé de cinq aiglons de sable, accompagné de trois colombes d'argent posées 2 et 1.*

BOISSY (de). — Pierre-Prosper de Boissy, chev., seig^r de la Traugaudière, la Borderie et autres lieux.

Armes : *d'or à l'aigle de sable.*

BONAMY DE LA PRINCERIE. — Jacques-François-Jérôme Bonamy de la Princerie, écuyer, chev., seig^r de Coignac, de Mont-Saint-Savin et autres lieux.

Armes : *d'azur* ou *de sinople à trois roses d'argent.*

BONNELIE DES SOUCHÈRES. — Demoiselle Bonnelie de *Jouchères*.

Armes : *d'azur à deux tours d'argent maçonnées de sable, au chef cousu de sable chargé d'un lion passant d'argent.*

BONNET DE SAINT-PRIEZ. — Dame Marie Bonnet de Saint-Priez.

Armes : *de sable à trois besants d'or.* Alias : *d'or au lion de gueules.*

BONNIN DE GRAMONT.— Jean-Louis-Alexis *Bonnin* de Gramont, seig* de Saint-Maurice.

Armes : *de sable à la croix ancrée d'argent*. Alias : *d'or à trois têtes d'ours arrachées, emmuselées et enchaînées de sable*.

BONY (de). — de *Beauny*, marquis de la Vergne, seig* des Égaux et Billanges.

Armes : *de gueules à trois besants d'argent posés 2 et 1*.

BOSCALS DE REALS DE MORNAC (de). — Pierre Boscals de Reals, comte de Mornac, seig* de Farigné.

Armes : *de gueules à un chêne d'argent surmonté d'une fleur de lis d'or*.

BOSQUEVERT (de). — Maixent-Gabriel, chev. de Bosquevert. — Alexis-Amable de Bosquevert, chev., seig* de Vandelaigne.

Armes : *d'argent semé de glands de gueules, à la bande ondée de même brochant; au chef cousu d'or chargé de trois merlettes de sable*.

BOUCHERIE (de la). — Dame Rose Rampillon, veuve de Louis-Charles de la Boucherie, chev., seig* du Guy, comme tutrice d'Alexandre de la Boucherie.

Armes : *d'azur à un cerf passant d'or*.

BOUCHET. — Jacques-Armand Bouchet de Lingrinière, inspecteur des haras du Poitou. — Jacques-Jean-Baptiste Bouchet, lieutenant aux dragons de Montmorency.

Armes : *d'azur à la croix de Saint-André d'argent, chargée de cinq losanges de gueules*.

BOUEX (du). — *Marie-Mesmin Dubouex*, marquis de Villemort, seig^r de Broches.

Armes : *d'argent à deux fasces de gueules.*

BOUIN DE NOIRÉ. — *Boin* de Noiré, chev. de Saint-Louis, seig^r de Nacré et autres lieux.

Armes : *d'azur à une foi d'argent en fasce accompagnée de trois soleils d'or, 2 en chef et 1 en pointe.*

BOULARD. — Dame Gabrielle-Pélagie *Beaudry Dasson*, veuve de Henri Boulard, seig^r de Beauvais, propriétaire de la Pinsonnière.

Armes.....

BOULLAYE (de la). — Alexandre-Barnabé de la Boullaye, chev., seig^r, baron de la Haye-Fougereure et de Challe.

Armes : *d'azur au chevron d'or.*

BOUGRENET (de) ? — Jacques-Louis de *Bouquenet* de la Toquenay, seig^r de Moric.

Armes : *d'or au lion de gueules chargé de macles d'or.*

BOURBON (le DUC DE). — Le Duc de Bourbon, prince du sang.

Armes : *de France au bâton peri en bande de gueules.*

BOURDONNAYE DE BLOSSAC (de la). — Charles-Esprit-Marie de la Bourdonnaye de Blossac, intendant de Soissons, seig^r du marquisat de Puygarreau, la Cognonnière et autres lieux.

Armes : *de gueules à trois bourdons d'argent.*

BOYLESVE (de). — Le comte de Boylesve de la Maroussière, seig^r de Saint-Lambert, la Potherie, la Plissonnière et autres lieux.

Armes : *d'argent au chevron de gueules accompagné de trois merlettes de sable posées 2 et 1.*

BRACH (de). — Jean-François-Louis de Brach, chev., seig^r de Mouillère et Sauveré. — de Brach, chev., seig^r de Moullière et autres fiefs en la paroisse de Saint-Romant.

Armes : *d'azur à une bande.d'or accostée de deux fusées d'argent.*

BREMOND (de). — Daniel de Bremont, seig^r de Lusseray.— Jacques-André, marquis de Bremond, chev., seig^r de la Motte, Chirouvelle, la Ronce. — Alexis-Charles-François de *Bremon d'Arc*, chev., seig^r de Luzaz. — Philippe-Antoine de Bremont de la Lande de Clavière.

Armes : *d'azur à l'aigle éployé d'or.*

BRETHE DE RICHEBOURG. — Jean-Charles *Brethé* de Richebourg, chev., seig^r de la Forest. — Gabriel-Victor *Brethé*, seig^r de la Guignardière et autres lieux. — Adrien-Jean-François *Brethé*, chev., seig^r de la Guibretière.

Armes : *d'or à un chevron ondé d'azur accompagné de trois fers de flèche de sable, 2 en chef et 1 pointe. Alias : d'argent à trois vaches de gueules accolées et clarinées d'azur passant l'une sur l'autre.*

BRETON (le). — Louis Le Breton, seig^r de Beauvais. Armes.....

BREUIL DE THÉON (du). — Jean-Augustin *Dubreuil* de Châteaubardon, chev., seig^r des Écurolles.

Armes : *d'argent à la bande d'azur, accompagnée de deux étoiles de gueules, 1 en chef et 1 en pointe.*

BREUIL-HÉLION DE LA GUÉRONNIÈRE (du). — François-Emmanuel du Breuil-Hélion, chev., seig^r de la Guéronnière. — Dame *Dubreuil*-Hélion, sa mère.

Armes : *d'argent à un lion de sable, armé, lampassé et couronné d'or.*

BRIANÇON (de). — Seig^r de Briançon-Devachon , marquis de Belmont, seig^r de Chauray.

Armes.....

BRIAUD DE LA MAUDINIÈRE. — Demoiselle Briaud de la Maudinière, dame dudit lieu.

Armes : *d'argent au chevron d'azur accompagné de trois bruants de même, posés 2 et 1.*

BRIDIEU (de). — Louis-Félicité de Bridieu, chev., seig^r des Grandes-Roches.

Armes : *d'azur au macle d'or accompagné de trois étoiles de même, posées 2 et 1.*

BRILHAC (de). — Jean de Brilhac, chev.

Armes : *d'azur au chevron d'argent chargé de cinq roses de gueules au bouton d'or et accompagné de trois molettes d'éperons d'or, posées 2 et 1.*

BRISSAC (de). — Philippe-François de Brissac, chev., seig^r de Braton. — Dame Henriette du Vigean, veuve de Louis de Brissac.

Armes : *d'azur au sautoir d'argent accompagné de quatre coquilles de sable et chargé d'un dauphin de même en abîme.*

BROCHARD. — Benjamin-Louis-Charles Brochard, chev., seig^r de Champdeniers. — Francois-Xavier-Joseph

de la Roche-Brochard, chev., seig^r, baron d'Auzay, Etrie,
Buxerolles, capitaine de cavalerie, chev. de Saint-Louis.
— Charles-Sylvestre *Laroche*-Brochard, chev., seig^r de
Fontenioux, la Barre et autres lieux. — Dame Marie-
Anne-Françoise de la Roche-Brochard, dame de Vernon.
— Charles-Evremont Brochard de la Roche-Brochard,
chev., seig^r de la Proustière et autres lieux.

Armes : *d'argent au pal de gueules, cotoyé de deux
pals d'azur.*

BROGLIE (de). — Auguste-Joseph de Broglie de Re-
vel, comte et baron de Drie. — Dame de Menou, veuve
de M. de Broglie. — Le comte de Broglie, marquis de
Ruffec, seig^r du Bouchage.

Armes : *d'or au sautoir ancré d'azur.*

BROSSARD (de). — Charles de Brossard, chev., seig^r
de Châtelliers.

Armes : *d'azur au chevron d'or accompagné de trois
fleurs de lis de même.*

BROUE (de la). — Joseph de la Broue, chev., chevalier de Saint-Louis. — Auguste-Jean-François-An-
toine de la Broue, baron de Vareilles-Sommières, seig^r
d'Assay. — François de la Broue, baron d'Aubigny et
autres lieux.

Armes : *d'azur au chevron d'or accompagné en chef de
deux coquilles d'argent et en pointe d'une main de même
posée en pal.*

BROUILHAC (de). — Louis-Charles de *Brouillac*,
chev., seig^r de la Mothe-Contais.

Armes : *d'argent à cinq mouchetures d'hermines de
sable posées en sautoir.*

BRUC (de). — Julien-Pierre-Claude de Bruc, chev.,
seig^r de Cleret, Beauvais et autres lieux.

Armes : *d'argent à la rose de gueules boutonnée d'or.*

BRUMAULD DE SAINT-GEORGES. — Brumauld de
Saint-Georges, seig^r du Breuil et du Champ-Fleury.

Armes : *d'argent au chevron d'azur accompagné de trois
lapins de gueules.*

BRUN. — Pierre-René-Hugues Le *Brung*, chev., seig^r
de la Messerdière.

Armes : *burelé d'or et d'azur de huit pièces à un lion
d'or brochant sur le tout.*

BRUNET DE SÉRIGNÉ. — Louis-Mathurin Brunet,
chev., seig^r de *Sairigné* et de Mervant. — Joseph-
Alexandre Brunet, seig^r de Trie et la Fuye-Goujon.

Armes : *d'azur à la tour d'or en abîme, accompagnée
de deux étoiles d'argent en chef et d'un croissant de même
en pointe.*

BRUNEVAL (de). — Jean-Barthélemy-Daniel de Bruneval, écuyer.

Armes.....

BRUSSE (de)? — Pierre-Louis, comte de Brusse, an-
cien mousquetaire du roi, chev. de Saint-Louis, seig^r de
Monbrard.

Armes.....

BUIGNON. — François Buignon, chev., seig^r de la
Cloère.

Armes : *d'azur à trois besants d'or.*

BUNAULT DE MONTBRUN (de). — Charles-Louis de Bunault de Montbrun, chev., seig^r de la Touche et Belleville.

Armes : *d'azur au chevron d'or accompagné en chef de deux aiglons et en pointe d'un lion grimpant de même.*

BUOR (de). — Josué-Alexandre de Buor, ancien chevau-léger, chev., seig^r de la Jousselinière. — Auguste *Buor*, chev., seig^r du Rossay. — Samuel-Guillaume-Aimé *Buor*, chev. de Villeneuve.— Jean-Charles-Elie-Thomas de Buor, écuyer, seig^r de Villeneuve. — Louis *Buor*, chev., seig^r de la Ménardière. — Louis *Buor* de l'Iraudière, seig^r de la Minaudière. — Dame Alexandre-Eulalie de la Fontenelle, veuve de Alexandre-César de Buor, seig^r de la Couprie. — Auguste-César-Honoré *Buor*, chev., seig^r de La Lande. — Louis *Buor*, chev., seig^r de Boislambert. — Louis-Jacques *Buor*, chev., seig^r de la Brunière.

Armes : *d'argent à trois coquilles de gueules, au franc canton d'azur.*

BUSSIÈRE (de la). — Philibert de la Bussière, chev., seig^r de la Celle. — Casimir de la Bussière, chev., seig^r de la Bussière, Maurepas et autres lieux. — Georges de la Bussière, chev. de la Voussetière, chev. de Saint-Louis. — Louis de la Bussière du Chillou.

Armes : *d'azur à la bande d'argent accompagnée de deux vols d'épervier de même et surmontée de deux molettes d'éperons d'or.*

BUSSY (de). — François-Louis, comte de Bussy, chev., seig^r de Bizé, Chassaigne, la Fuye, etc., capitaine au régiment de Bourgogne-Cavalerie.

Armes : *de sable à un aigle éployé d'or.*

BUXIÈRE (la). — Jean-René La Buxière de Jutreau, chev., seig^r de Jutreau.

Armes : *d'azur à la fasce d'argent, accompagnée en chef d'un lion issant d'or et en pointe de trois vannets de même, 2 et 1.*

BUZELET (de). — de Buzelet, chev., seig^r de la Roche.

Armes : *de gueules à trois roses d'argent au croissant d'or posé en cœur.*

C

CAILHAUT (de). — Dame Marie-Jeanne Demascureau de Sainte-Terre, veuve de Joseph *Caillaud*, écuyer, seig^r de l'Épine.

Armes : *d'or au lion de sable armé et lampassé de gueules.*

CAILLO (de). — François-Charles Caillô, seig^r de Maillé.

Armes : *de gueules à trois colombes d'argent, becquées et membrées de gueules posées 2 et 1, celle-ci soutenue d'une patte de loup coupée d'or.*

CAMBOUR (de). — Philippe de Cambour, écuyer, seig^r de la cour de Genouillé.

Armes : *de gueules à trois fasces échiquetées d'argent et d'azur de deux traits.*

CAR (de)? — Jean-Gaspard-Hercule *de Car*, écuyer, capitaine au régiment de Normandie, chev. de Saint-Louis.

Armes.....

CARAZE (de)? — Marianne Dauché, veuve de Jean Paul *Decoraz*.

Armes.....

CARBONNIÈRES DE SAINT-BRICE (de). — Jean-Baptiste *Decarbonnières* de Saint-Brice.

Armes : *d'azur à trois bandes d'argent chargées de dix flammes de gueules, 4, 3, 2 et 1.*

CARRÉ DE SAINTE-GEMME.—Jean-Antoine Carré, seig^r de Sainte-Gemme et de Lacou.

Armes : *d'azur à la croix d'argent cantonnée de quatre étoiles de même.*

CARRÉ DE BUSSEROLLES. — Sylvain-Louis Carré, seig^r de Busserolles, garde du corps de Monsieur, frère du roi.

Armes : *d'azur à deux étoiles d'or en chef et une rose de même en pointe.*

CARVOISIN (de). — Le comte de Carvoisin, seig^r de la Mothe-Sainte-Héraye et autres lieux.

Armes : *d'or à la bande de gueules, au chef d'azur.*

CASTELLANE (de). — Michel-Ange-Boniface-Marie, marquis de *Castellanne*, colonel du régiment du Rouergue-Infanterie, seig^r de Vaucelonnières et autres lieux. — de Castellane, seig^r de Ranton.

Armes : *de gueules à la tour donjonnée de trois pièces d'or.*

CAUMONT (de). — Louis-Armand, comte de Caumont, seig^r d'Illai.

Armes : *d'azur à deux lions d'or lampassés de gueules.*

CÉRIS (de). — Jean-Alexandre *Decéris*, marquis de la Faye.

Armes : *d'azur à trois étoiles d'or.*

CÉSARD DE NORT. — Louis-Anne Césard, vicomte de Nort, chev., seig^r, comte de Lamassai, capitaine de vaisseau, chev. de Saint-Louis.

Armes : *d'or à la bordure losangée de sable.*

CHABIEL DE MORIÈRE. — Jean-Mathieu Chabiel de Morière, écuyer, seig^r de la Pilière et autres lieux, ancien gendarme de la garde du roi. — Chabiel de Morière, seig^r du Verger et de la Tour-Girard.

Armes : *d'azur à trois pommes de pin d'or posées 2 et 1.*

CHABOT (de). — Charles-Augustin, comte de Chabot, seig^r du Halloi. — Dame Agathe-Alexandre Decourtis, veuve de Louis-Pierre, vicomte de Chabot, tutrice de ses filles. — Marie-Esprit-Armand de Chabot, seig^r de Moureil.

Armes : *d'azur à deux chabots d'argent posés en pal, regardant l'un à dextre et l'autre à senestre.*

CHABOT. — Joseph-Clément Chabot de Lussay. — Nicolas Chabot de Pontonnier, écuyer, seig^r de Bouvinanche, Chefboutonne, Jouhé. — Augustin Chabot, chev., seig^r de Coulandre. — Dame Marguerite de Mauray, veuve de Charles-Henri *Chebot* de la Boissardière. — Dame Marie-Marguerite-Charlotte Prévot de la Broutelière, veuve de Chabot, mère tutrice. — Dame Charlotte-Augustine du Trehan, veuve de Chabot, dame de la Papinière. *(Parenté incertaine.)*

Armes : *d'or à trois chabots de gueules, posés 2 et 1.*

CHAFFAUD (du). — Sylvestre - François , marquis *Duchaffaut*, chev., seig^r de la Senardière. — Charles , comte du *Chaffault*, seig^r de Chaulbretant.

Armes : *de sinople au lion armé, lampassé et couronné de gueules.*

CHAISE (de la). — de la Chaise, seig^r d'Aventon et autres lieux.

Armes.....

CHALARU (de). — Le marquis de Chalaru, seig^r de Sainte-Néomaye.

Armes.....

CHALMOT. — Louis-César Chalmot, seig^r du Breuil et autres lieux. —Henri-Pierre *Chalenot*, seig^r de Sainte-Rue.

Armes : *d'argent à un vol de sable accompagné de trois étoiles de gueules, posées 2 et 1. Alias : d'azur à un vol d'argent accompagné de trois étoiles d'or, posées 2 et 1.*

CHAMBIER. — Dame Marie-Françoise-Gabrielle de Boslier, veuve de Charles Chambier, écuyer, seig^r de Cernay, mère tutrice de ses enfants.

Armes.....

CHAMILLARD (de). — Dame Marie-Marguerite-Suzanne Lageard, veuve de Henri, marquis de Chamillard, seig^r de la Rigaudière.

Armes : *d'azur à la levrette passante d'argent colletée de gueules, au chef d'or chargé de trois étoiles de sable.*

CHANTREAU. — Charles-Henri Chantreau, seig^r de la Bonnière et autres lieux. — Pierre *Chantreaux*, écuyer, seig^r des Touches. — Louis-Henri Chantreau de la Jouberdrie, seig^r de Neufchaise.

Armes : *d'azur à trois tourterelles d'argent, 2 en chef et 1 en pointe.*

CHARBONNEAU (de). — Charles-Marie-Gabriel de Charbonneau, seig^r de la Morissière.

Armes : *d'azur à trois écussons d'argent, accompagnés de dix fleurs de lis d'or, 4, 2, 3 et 1.*

CHARDEBOEUF (de). — Jean-Louis de Chardebœuf, comte de Pradel, seig^r de Genêt.

Armes : *d'azur à deux fasces d'argent accompagnées en chef d'un croissant entre quatre étoiles de même, et en pointe d'une rencontre d'or.*

CHARETTE. — Dame Marie-Angélique Josnet, veuve de Louis-Joseph Charette du Moulin-Henriet, Boisfoucaud, etc.

Armes : *d'argent au lion de sable armé et lampassé de gueules, accompagné de trois cannettes de sable becquées et membrées de gueules, posées 2 et 1.*

CHARLET. — Pierre-Célestin Charlet, écuyer, chev., seig^r de Béchette, de Creux-en-Forêt, ancien capitaine d'infanterie.

Armes : *d'or à un aigle de sable le vol abaissé.*

CHARNACÉ (de). — de *Charnassay,* seig^r du Pouançay.

Armes : *d'azur à trois croisettes potencées d'or.*

CHATAIGNER DU BERGERIOU. — Esprit-Édouard Châtaigner, seig^r du Bergeriou. — Dame Louise de Buor,

veuve de Henri-Daniel Châtaigner, seig^r du Bergeriou.
— René-Bonaventure *Châteigner*, chev., seig^r du Puy-
Millet. — Louis-Daniel-Henri de *Châteigner*, chev., seig^r
du Plessis et du Breuil- Charlet.

Armes : *de sinople au rocher d'argent, au chef cousu de
de gueules.*

CHATEAUBODEAU (de). — Pierre de *Château-Bodot*,
chev., seig^r de la Roche-Morlou.

Armes : *d'azur au chevron d'or accompagné de trois
quintefeuilles de même, 2 en chef et 1 en pointe, celle-ci
surmontée d'un croissant d'argent.*

CHATEIGNER (de). — Jean-Gabriel-Léandre, marquis
de Châteigner, seig^r de la Billoire. — Le comte de Châteigner. — Charles-Louis, chev. de Châteigner, seig^r de
la Grolière, capitaine de cavalerie. — Roch, vicomte de
Châteigner, seig^r de Chincé, maréchal des camps et armées du roi. — Jean-Henri, comte de Châteigner, chev.,
seig^r du Bourgueil, mestre de camp de cavalerie. —
Dame Louise-Henriette de Vasselot, épouse de M. le
comte de Châteigner, de lui autorisée.

Armes : *d'or au lion posé de sinople, armé et lampassé
de gueules.*

CHATILLON (de). — Pierre-Sylvain de Châtillon,
chev., seig^r de Mattange, chev. de Saint-Louis, capitaine
de grenadiers.

Armes : *de gueules à l'aigle éployé d'argent.*

CHATRE (de la). — Louis-Jacques de la Châtre,
comte, écuyer, chev., seig^r de la Roche-Bellusson et
autres lieux. — Claude, vicomte de la Châtre, seig^r de

Vaux. — Louis, baron de la Châtre, seig^r de la Roche-Bellusson, capitaine de dragons. — Dame Marie-Sylvine de la Châtre, dame de Fleuré.

Armes : *de gueules à la croix ancrée de vair.*

CHAUD. — Jacques Chaud, écuyer.

Armes : *d'azur à un chevron d'or accompagné en chef de deux étoiles de même, et en pointe d'un trèfle aussi d'or, soutenu d'un croissant d'argent.*

CHAUSSÉE (de la). — François-Armand de la Chaussée de Boucherville, seig^r des Coudreaux, chev. de Saint-Louis, ancien capitaine de vaisseau.

Armes : *écartelé d'argent et de sable, l'écu en bannière.*

CHAUVELIN (de). — Marie-Jacques de Chauvelin, chev., seig^r de Beauregard-en-Basse-Marche, capitaine de chasseurs de Normandie. — Jacques Chauvelin, chev., seig^r de la Pommeraie.

Armes : *d'argent à un chou arraché de sinople, la tige entortillée d'un serpent d'or la tête en haut.*

CHAUVERON (de). — Le marquis de Chauveron, à cause de sa terre de Saint-Laurent-de-Céris.

Armes : *d'argent au pal bandé d'or et de sable.*

CHEBROU. — Antoine-Jean-Laurent-Victor-Marie Chebrou, chev., seig^r de l'Espinasse et de la Chapelle-Bâton. — Jean-Laurent-Marie-Victor Chebrou, chev., seig^r de l'Espinasse, les Loges et autres lieux, tuteur des mineurs de Pierre Chebrou, chev., seig^r du Petit-Château.

Armes : *d'azur à un cerf grimpant d'argent.*

CHERADE DE MONTBRON (de). — Etienne-Pierre de Cherade, comte de Montbron, capitaine d'infanterie, seig' du marquisat de Clairvaux et autres lieux.

Armes : *d'azur à trois losanges d'or, 2 et 1.*

CHERGÉ (de). — François de Chergé de Villognon. — Pierre-Isaac de Chergé.

Armes : *d'azur à la fasce d'argent, chargée de trois étoiles de gueules.*

CHESNEAU (de). — Charles-Armand-Louis, marquis de Chesneau, chev., seig' de la Frapière, lieutenant aux gardes françaises.

Armes : *d'azur semé de besants d'argent, au chevron d'or brochant sur le tout.*

CHESNAYE (de la). — Louis-Charles de la Chesnaye des Pins, seig' de la Bonnière, la Chattière et autres lieux.

Armes : *d'argent à trois chevrons de sable.*

CHESSÉ (de). — Georges de Chessé d'Anzecq, écuyer.

Armes : *d'argent au chevron de gueules accompagné de trois merlettes de sable, posées 2 et 1.*

CHEVALIER DU BOIS. — Charles-Jean-Louis Chevalier du Bois, seig' dudit lieu. — Charles-Florent-Jacques Chevalier du Bois, seig' de Pont et Saint-Colombain.

Armes : *d'or à une meule de sable.*

CHEVALIER. — Jean-Marie Chevalier, seig' des Essards, la Bessière, etc. — Charles Chevalier, chev., seig' de Silloué, la Cointardière et la Frappinière. —

Demoiselle Scholastique-Gabrielle *Chevallier* de la Cointardière, dame du Ronault.

Armes : *de gueules à trois clefs d'or en pal.*

CHEVALLEAU DE BOISRAGON. — Antoine-Louis, comte Chevalleau de Boisragon. — Armand-Alexandre Chevalleau de Boisragon, seig^r de Saint-Carlais et autres lieux.

Armes : *d'azur à trois roses d'argent.*

CHEVIGNÉ (de). — Alexandre-Joseph-Christophe de Chevigné, chev., seig^r de la Grassière. — Louis-Augustin-Antoine-Marie de Chevigné, chev., seig^r de l'Écorce-Sivetière. — Esprit-Benjamin-René de Chevigné, seig^r de la Redoutière.

Armes : *de gueules à quatre fusées d'or en fasce accompagnées de huit besants de même, quatre en chef et quatre en pointe.*

CHEVREUSE (de). — Jean *Dechevreuse*, chev., seig^r du Guideou.

Armes : *d'argent à deux chevrons de sinople.*

CHEZEAU (de). — Charles-Augustin-Constance de Chezeau, chev. de Saint-Louis.

Armes.....

CHILLEAU (du). — Gabriel-Jean-Baptiste-Marie du Chilleau, capitaine de dragons, grand sénéchal d'épée, seig^r de la Tour-Saint-Gelin. — Charles-Louis, vicomte *Duchilleau*, seig^r de la Roche. — Claude-Marie, comte du *Chelleau*, maréchal des camps et armeés du roi, seig^r de Chevrières et Orfeuil. — Dame Élisabeth de Montazet, épouse de Marie-Charles, marquis du Chilleau,

chev., baron de Maingre. — Demoiselle Marie-Gabriel
Duchilleau, dame de Fortverine.

Armes : *d'azur à trois moutons paissant d'argent,
posés 2 et 1.*

CHOISEUIL-PRASLIN (de). — Renaud-César-Louis
de Choiseuil, duc de Praslin, seig⁰ de Neupatrop, etc.

Armes : *d'azur à la croix d'or, cantonnée de vingt
billettes de même de cinq en cinq en sautoir dans chaque
canton ; au franc quartier d'azur chargé d'un portique
ouvert à deux colonnes surmontées d'un fronton d'or,
accompagné des lettres D, A, de même.*

CHOUPPES (de). — Charles-Nicolas de Chouppes du
Portault, seig⁰ de Miolais. — René de Chouppes, seig⁰
de la Girardière.

Armes : *d'azur à trois croisettes d'argent, posées 2 et 1.*

CITOYS (de). — Alexis-Louis-Charles de Citoys, chev.,
seig⁰ de Péron et du Petit-Château-Guibert, officier de
cavalerie. — Dame Marie-Charlotte de Marée, veuve de
Citoys, seig⁰ de la Touche.

Armes : *d'argent au chevron de gueules accompagné de
trois pommes de pin de sinople.*

CLABAT (de). — Jean-Gabriel-Marie-Armand de
Clabat, chev., seig⁰ du Chillou, Mairé, Cloître, la Poupardière, ancien mousquetaire. — Jean-Félix de *Clacal*
de Baristière, lieutenant au régiment de Foix, seig⁰ de
la Disme.

Armes : *d'argent au loup rampant de sable, brisé d'une
fasce de gueules chargée d'un croissant d'argent.*

CLERC (le). — Jacques-Gabriel-Louis Le Clerc de
Juigné, seig^r de Roche-Servière. — Charles-Philibert-
Gabriel Le Clerc de Juigné. — Dame Marie-Suzanne-
Charlotte Marsaut de Parsay, veuve de M. Le *Clers*,
baron de Vesine.

Armes : *d'argent à la croix de gueules bordée et engreslée de sable, cantonnée de quatre aiglettes de même,
becquées et onglées de gueules.*

CLERVAULT (de). — Charles de Clervaut, chev. de
Saint-Jean de Jérusalem, seig^r de Pontabert. — Dame
Jeanne-Madeleine Tourlon de Fleury, veuve de Louis-
Auguste de Clervault, chev., seig^r de Saint-Christophe.
— Demoiselle Augustine-Elisabeth de Clervault, reli-
gieuse de l'Union chrétienne, dame de la Turillière. —
Dame Marie Pandin, veuve de M. de *Clervaux*.

Armes : *de gueules à la croix pattée et alaisée de vair.*

COCQ (le). — Charles-Daniel Le *Coq*, ancien sous-
brigadier des gardes du corps, chev. de Saint-Louis, seig^r
des Giraudières. — Bernard-Donatien Le *Coq*, curé des
Ormes, seig^r de la Vallée. — Dame Angélique-Margue-
rite Le Cocq, dame de Saint-Léger.

Armes : *d'azur au coq hardi d'or, membré, crêté et
armé de gueules.*

COLBERT DE SEIGNELAY. — Jean-Baptiste-François *Méneleay* Colbert, marquis de Sablé.

Armes : *d'or à la couleuvre d'azur.*

COMPAIN. — Louis-Georges Compain, chev., seig^r
de la Tour-Girard et autres lieux. — Pierre-Henri Compain, chev., seig^r de Bourneuf.

Armes : *d'azur à trois fasces d'or, la 1ʳᵉ surmontée de deux étoiles cantonnées de même, la 2ᵉ d'un cœur de gueules navré d'une flèche de sable, la 3ᵉ d'une étoile d'or au centre.*

COMTE (le). — Jean-Baptiste Le Comte de Medel, chev., seigʳ de la Grandmaison, chev. de Saint-Louis. — Hilaire Le Comte, chev., seigʳ de Villemont, Voutou, Chevay, Clussay. — Victor-Auguste Le Comte, chev., seigʳ de la Gruzalière. — Jacques-François-Alexandre Le Comte, seigʳ de Theil. — Pierre-François-Alexandre Le Comte, seigʳ de Theil.— Dame Rosalie Forien, veuve de François-Claude Le Comte, chev., seigʳ de la Gruzalière. — Marie-Radegonde Le Comte, mineure.

Armes : *d'azur au lion d'or armé et lampassé de gueules, cantonné de quatre étoiles d'argent.*

CONAN (de). — François de Conan, seigʳ de Bouchet-Gaillard.

Armes : *coupé d'or et d'argent, au lion de même de l'un en l'autre, armé, lampassé et couronné de gueules.*

CONDÉ (le prince de). — Mᵍʳ Louis-Joseph de Bourbon, prince de Condé, prince du sang. — Madame la princesse Louis de Condé.

Armes : *de France au lambel de gueules?.....*

CONSTANT. — Dame Marie-Antoinette Constant, propriétaire du fief de la Groye-de-Chail. — Jacques Constant, colonel de dragons, chev. de Saint-Louis. — Jean-Hilaire Constant, chev., seigʳ des Trois-Boussées. — Constant, seigʳ de la Brosse.

Armes : *d'argent au palmier de sinople sur une terrasse de même.*

CONTY (de). — Louis-Georges de *Conti* de la Poitevinière, écuyer, seig' de la Garenne-Aubert, Pilostrie et autres lieux.

Armes : *d'azur à la croix pattée d'argent, cantonnée de quatre roses d'or.*

CORAL (de). — Pierre de Coral, seig' de Lautiers, chev. de Saint-Louis. — Charles de Coral, chev., seig' de Roches. — Jean-Gabriel de Coral, chev., seig' de la Fouchardière. — Demoiselle Charlotte de Coral, dame du fief des Ages.

Armes : *de gueules à la croix pattée d'or, brisée d'un baton péri en bande d'azur et supportée par deux lions rampants affrontés d'or. Alias : d'argent à la croix pattée de gueules, et en pointe une bande de même.*

CORDOUE (de). — Dame Madeleine-Marguerite de la Forêt de Laumont, veuve de Philippe–François de Cordoue des Cordes, seig' d'Uron.

Armes : *d'azur à un ours d'argent tenant en ses pattes un monde croisetté d'or.*

COSSÉ-BRISSAC (de). — de Cossé, duc de *Brissac*, seig' de la Rambaudière et autres lieux.

Armes : *de sable à trois fasces danchées par le bas d'or.*

COSSIN (de). — Henri-Elie *Cossin*, seig' de Maurivet et autres lieux.

Armes : *d'or à trois têtes de milan arrachées de gueules.*

COTHEREAU DE GRANDCHAMP. — Joseph-Pascal-

Louis Cothereau de Grandchamp, seig' de la Tour-d'Oyré, chev. de Saint-Louis.

Armes.....

COUTRAY (de). — Dame Marie-Julie Demouzen, veuve *Coutray*, dame de Pertes et Grasseux.

Armes : *d'or au chevron d'azur accompagné de trois faucons éployés de sable, armés de gueules posées 2 et 1.*

COUHÉ DE LUSIGNAN (de). — Louis-René de Couhé de Lusignan, chev., seig' de Touveau, Villiers, etc. — René de Couhé de Lusignan, seig' de l'Age. — Louis de Couhé de Lusignan, seig' de Preuilly et autres lieux.

Armes : *écartelé d'or et d'azur à quatre merlettes de l'un en l'autre.*

COULARD DE PUYRENARD. — Coulard, chev., seig' de Puyrenard et de Galmoisin.

Armes : *d'or au cœur de gueules ; au chef d'azur chargé d'un croissant d'argent accosté de deux molettes d'éperon d'or.*

COURAULT. — Françoise-Marguerite Donat, veuve de François-Gabriel Courault, dame des Bordes.

Armes : *d'azur à un épervier perché d'or, au vol abaissé, becqué et onglé d'argent.*

COURBON (de). — Anne-Christophe-Elisabeth de Courbon de Blenac, comte de la Roche-Courbon.

Armes : *d'azur à trois boucles d'or, l'ardillon en pal.*

COURTINIER (de). — François-Augustin de *Courtignier*, chev., seig' de Moulins, ancien mousquetaire. — François Courtinier de la Millanchère, seig' de Frozes, la Millanchère et autres lieux.

Armes : *de gueules à six annelets d'argent posés 3, 2 et 1, surmontés en chef de trois fers de lance de même rangés en fasce, la pointe en bas.*

COUSSAIS (de la). — François-Alexandre *De la Coussais*, chev., seig^r de Nac et de Champagne.

Armes : *de gueules au lion d'or, au chef d'argent chargé de trois étoiles d'azur.*

COUSSEAU. — Jacques Cousseau, colonel de dragons, chev. de Saint-Louis.

Armes : *d'azur au cœur de carnation percé d'une flèche d'argent et accompagné de 2 étoiles de même, en chef.*

COUTOCHEAU. — Paul-Henri Coutocheau, chev. de Saint-Hilaire. — Joseph Coutocheau de Saint-Hilaire.

Armes : *d'argent à un cerf de gueules sortant d'un bois de sinople et passant sur une terrasse de même.*

COUTURE (de la). — Jean de la Couture-Renom, chev., seig^r de Berix.

Armes : *losangé d'or et de gueules.* Alias : *de gueules à la fasce d'argent fuselée de 5 pièces.*

CREQUI (de). — Anne-Madeleine-Françoise de Crequi, vicomtesse de Gençais.

Armes : *d'or au criquier (ou chandelier à 7 branches) de gueules.*

CRÉS (de). — Dame Adelaïde-Catherine de Crés, dame de Vervant, Saint-Marc et autres lieux. — Louis-Auguste de Crés, marquis de Vervant.

Armes.....

CRESSAC (de). — Eutrope de Cressac, seig^r des Basses-Vergnes et autres lieux.

Armes : *coupé, au 1er d'azur, à une étoile accostée de deux croissants d'argent ; au 2e d'argent, à trois roses de gueules posées en fasce, et sur le tout : d'or à un monde de gueules sommé d'une croix pattée de gueules et soutenu d'un fer de lance de même.*

CREUZÉ. — Michel-Pascal Creuzé, écuyer, seig^r de Fenery, la Branaudière et Bâché.

Armes : *d'argent à un chef de gueules.*

CROIX (de la). — Jean-Louis de la Croix, chev., seig^r de Fayolles.

Armes : *de gueules à cinq fusées d'argent, chargées chacune d'une coquille de gueules.*

CROPTE (de la). — Henri de la Cropte de Saint-Abre, seig^r de Lusaignac et Saint-Laurent.

Armes : *d'azur à une bande d'or accompagnée de deux fleurs de lis de même, 1 en chef et 1 en pointe.*

CRUGY - MARSILLAC (de). — Louis - Sylvestre de Crugy-Marsillac, seig^r du marquisat de ce nom.

Armes : *d'azur à trois roses d'argent.*

CRUSSOL D'UZÈS (de). — Anne-Marie-André de Crussol d'Uzès, comte de Montausier, seig^r de la Salle et autres lieux. — Marie-François-Emmanuel de Crussol d'Uzès, duc de Crussol. — Anne-Emmanuel de Crussol d'Uzès, marquis d'Amboise, lieutenant général des armées.

Armes : *fascé d'or et de sinople.*

CUGNAC (de). — Louis-Philippe de Cugnac, chev., seigʳ de la Poquetière.

Armes : *gironné d'argent et de gueules de huit pièces.*

CULANT (de). — Louis-Alexandre, comte de *Culan*, seigʳ de Villefagnan.

Armes : *d'azur semé de molettes d'éperons d'or, au lion de même brochant.*

CUMONT (de). — Louis-Marie-Joseph-Sévère de Cumont du Buisson, chev., seigʳ du Buisson, l'Aumonière et autres lieux.

Armes : *d'azur à la croix pattée et alaisée d'argent.*

D

DAROT. — Dame Marie-Catherine-Agathe d'Hilleriu, veuve *Darote*, chev., seigʳ d'Allières et autres lieux. — Joseph-Charles Darot, seigʳ de la Boutrochère. — Dame Louise-Marguerite Legier, veuve Darot.

Armes : *de sable, à deux cygnes affrontés d'argent ayant le col contourné, entrelacés l'un dans l'autre, membrés et becqués d'or, tenant un anneau de même dans leur bec.*

DEGUILHOT DU DOUSSAY? — Jean *Deguilrot* du Doussay, seigʳ de Graine.

Armes.....

DEGÈRES ou DE GÈRES. — Charles-Louis-Désiré Degères, seigʳ de Champuydreaux et autres lieux.

Armes.....

DEHANNE (de)? — Armand *de Aune,* seig[r] de la Saumonère.

Armes : *d'or au chevron d'argent à trois hermines de sable.*

DEMAGNE ? — Pierre Demagne, seig[r] de Joussé et la Chapelle-Bâton.

Armes.....

DEMÉRY? — *César de Maury,* chev., seig[r] de la Martinière.

Armes.....

DEPÉRY DE SAINT-AUVANT.—Olivier-Isaac *Depéry,* comte de Saint-Auvant.

Armes : *d'argent à deux lions léopardés de gueules l'un sur l'autre, au chef de sable.*

DESBORDES. — Marie-Jean-Baptiste Desbordes, seig[r] de Teillé, mestre de camp de cavalerie. — Pierre Desbordes de Jansac, ancien capitaine d'infanterie, seig[r] de Verdille.

Armes : *d'azur au chevron d'or, accompagné de trois arrêtes de poisson d'argent, posées 2 et 1 en pal.*

DESCOLARD DE LEFFE. — François Descolard, chev. de Leffe. — Dame Françoise Dalesme, veuve de Jean de Leffe. — Pierre *Décollard,* seig[r] des Hommes. — Léonard *Décollard,* seig[r] des Hommes de Leffe et autres lieux.

Armes.....

DESCUBES DU CHATENET.— Simon-François *Descures Duchâtenet,* chev.

Armes : *d'argent à une croix alesée de gueules, sur-montée de trois étoiles de sable.*

DESMARAIS. — Joseph-Louis Desmarais, chev., seig[r] de Chambon, Solignac et autres lieux.

Armes.....

DESMÉES. — Auguste-Jean-Marie *Desmés*, chev., conseiller du roi, seig[r] de Chavigny.

Armes : *d'azur à la fasce d'argent chargée de deux roses de gueules ; au lambel d'argent de trois pendants mouvant du chef, à une rose du second en pointe.*

DESMIER DU ROC. — Charles-Gabriel-Crescent *Dexmier* du Roc, seig[r] du Roc. — Pierre *Dexmier*, chev., seig[r] du Roc. — Bernard Desmier, seig[r] de Langerie.

Armes : *écartelé d'azur et d'argent à quatre fleurs de lis de l'un en l'autre.*

DESPRÉS. — Dame Françoise de Cumont, veuve de Joseph-Élie Després, seig[r] de Maillé. — Louis-Quentin Després d'Ambreuil, seig[r] de Bois-Rateau. — François Després. — Demoiselle Henriette et Marie-Louise Des-prés, dame de Chatoinet. — Jean-Philippe-César Des-prés de Montpezat, seig[r] de la Grallière.

Armes : *d'or à trois bandes de gueules ; au chef d'azur chargé de trois étoiles d'or.*

DOUBLET DE PERSAN. — Anne-Nicolas Doublet de Persan, chev., marquis de Montre.

Armes : *d'azur à trois doublets (insectes) d'or, 2 et 1 volant en bande.*

DREUX-BRÉZÉ (de). — Henri-Evrard de Dreux, marquis de Brézé, grand maître des cérémonies, capitaine au régiment de Royal-Cravate, baron de Berrie. — Demoiselle Anne-Jacqueline de Dreux de Soucloir, dame de Silly.

Armes : *d'azur au chevron d'or accompagné en chef de deux roses d'argent et en pointe d'un soleil d'or.*

DUBOIS. — Hilaire-Clément Dubois, chev. des Landes, ancien capitaine de dragons, chev. de Saint-Louis. — Charles-Jean-Louis, chev. du *Bois*, seig^r dudit lieu. — Charles-Florent-Jacques, chev. du *Bois*, seig^r du Pont, Saint-Colombain et autres lieux.

Armes.....

DUCHÊNE DE DENANT. — Jean Duchêne, chev., seig^r de Vauvert. — Marie-Dominique-Nicolas Duchêne, baron de Denant. — Denis-Marie *Duchesne* de Denant, seig^r de Biossay. — Jean-Charles *Duchesne* de Saint-Léger, seig^r de Matagnel. — Dame veuve de Jacques-Charles-Florent Duchêne, chev., seig^r baron de Denant.

Armes : *d'azur à trois glands d'or, posés 2 et 1.*

DUJON. — Armand-Gabriel-Charles Dujon, co-seig^r de Boisragon, capitaine de cavalerie. — Gabriel-François Dujon, baron de Beaussai, chev. de Saint-Louis.— Pierre Dujon, seig^r de Beaussai, ancien capitaine de vaisseau, chev. de Saint-Louis.

Armes.....

DUMARREAU. — *Desmareau* de Boisguérin, seig^r de Monplaisir. — Louis *Mareau* de la Bonnetière, chev. de Plesseau.

DUPAS DE LA GARNACHE. — Claude-Joseph Dupas, seig^r marquis de la Garnache, baron de Beauvoir et autres lieux.

Armes.....

DUPRÉ DE BOURIGAN? — Armand-Charles-Marie *Dupré* de Bourigan.

Armes.....

DUPUY. — Jean Dupuis, seig^r de la Badonnière.

Armes : *d'azur à trois chevrons d'or. Alias : d'argent au puits de sable, accosté de deux serpents de sinople buvant.*

DURAYS. — Dame Marie-Renée de *Ruays*, veuve de François du *Rays*, dame de Nocé.

Armes.....

DURCOT. — Dame veuve du seig^r Durcot de Puytesson, Chauché et autres lieux.

Armes : *d'or à trois pommes de pin de sinople.*

DURIS. — Etienne-Sylvain-François, chev. Duris, chev. de Saint-Louis, ancien major d'infanterie. — Jean-François Duris, chev., seig^r de Charvaux et Flex.

Armes : *de gueules à trois fasces d'argent.*

DURIVAULT. — Pierre-René-Hilaire Durivault, seig^r de Vieilleroche.

Armes : *de gueules à trois besants d'argent.*

DUTHEIL DE LA ROCHÈRE. — Jacques Dutheil, chev., seig^r du fief de la Grenouillère.

Armes : *d'or au chef d'azur, au lion de gueules couronné, armé et lampassé de sable, brochant sur le tout.*

DUTIERS. — François-Charles Dutiers, seig^r de Chaix et de Chailloux.

Armes : *d'azur à un chevron d'or, accompagné de trois triangles d'argent, 2 et 1.*

DUTILLET. — François Dutillet, écuyer.
Armes : *d'or à une croix pattée d'azur.*

DUTRESSÉ. — François-Hyacinthe Dutressé, seig^r de de la Piardière.

Armes.....

DUVAL DE CURZAY. — François-Gabriel-Joseph-Henri Duval de Chassenon. — Charles-Joseph Duval, seig^r de la Vergne-Duval.

Armes : *d'azur au sautoir d'or, cantonné aux trois premiers cantons d'une genette et au quatrième d'un cor de chasse de même.*

DUVAU DE CHAVAGNE. — Jean-René-François du *Vaude-Chagne*, chev., seig^r de la Barbinière et autres lieux.

Armes : *d'azur à deux aigles éployés d'or en chef, et un dragon de même volant en pointe.*

DUVERRIER DE BOULSAC. — Jean-Louis Duverrier de *Boubzac*.

Armes : *d'argent à un aigle de vair.*

E

ÉCORCE-CIVETIÈRE (de l').—Dame Augustine-Pélagie du Chaffault, veuve de Louis de l'Écorce-Civetière, dame de Choisi.

Armes : *de gueules à une bande d'argent chargée de trois croisilles de sable.*

EPAULE (d'). — François d'Epaule, vicomte d'Aït.
Armes.....

EPINAY (d'). — Nicolas d'*Epinay*, chev., capitaine au régiment de Cambrésis-Infanterie.
Armes.....

EPINAY (de l'). — Alexis-Samuel, baron de l'Epinay, Châtonnay, Sigoutnay et Puybeilard. — Alexis-Louis-Marie, marquis de l'Epinay, capitaine d'infanterie, chev., seig^r des Essarts. — de *Lépinay* aîné, seig^r de la Tapatière. — Dame Françoise de l'Épinay des Roches, dame de Veau.— Charles-Augustin, vicomte de l'Epinay, capitaine de cavalerie. — Louis-Gabriel de l'*Epinnay* de Beaumont, seig^r de la Rault. — Charles-Alexis de l'*Épinay* du Clousoux, commissaire des Marches.
Armes : *d'argent à trois buissons d'épine de sinople.*

EPREMENIL (d').— d'Epremenil, seig^r de Pierrefitte et autres lieux.
Armes.....

ESCOUBLEAU DE SOURDIS (d'). — Jacques de *Coubleau*, chev., comte de Sourdis, seig^r du Plessis et autres lieux.

Armes : *parti d'azur et de gueules, à la bande d'or brochant.*

ESMOING (ou AIMOIN) DE LA GRILLIÈRE? — Esmoing de la *Grillaire.*

Armes.....

ESPERON DE BEAUREGABD. — Jacques-René-Joseph-Marie Esperon de Beauregard, écuyer, seig^r de Beceleuf, la Roche-de-Brand, Charassé, les Murs, Ligniers, etc.

Armes.....

ÉTANG (de l'). — Jean-Charles de l'Étang, chev., seig^r de Langlie. — René-Paul de *Létang*, chev., seig^r de Furigny, et curateur des enfants d'Isaac-Charles de l'*Estang*, seig^r de Ringère.

Armes : *d'argent à sept fusées de gueules.*

ETOURNEAU. — Dame Marie-Louise Trouillon, veuve de Sylvain Etourneau, chev., seig^r de Tersanne.

Armes : *d'or à trois chevrons de sable accompagnés de trois étourneaux de même, posés 2 et 1.*

EVÈQUE (l'). — Dame veuve Jacques-Henri-Salomon l'*Evêque* de Puyberneau.

Armes : *de gueules à trois roses d'argent, 2 en chef et 1 en pointe.*

F

FAIRE (de la). — Pierre de la Faire, chev., seig^r de la Chaize, ancien capitaine d'infanterie , chev. de Saint-Louis. — Antoine , chev. de la Faire, capitaine au régiment royal. — Charles de la Faire, chev. — Louis, comte de la Faire, seig^r du Château-Guillaume. — Pierre-François de la *Ferre*, chev., seig^r de la Salle. — François-Claude de la Faire, chev., seig^r du Riveau. — Sylvain de la Faire, chev., seig^r de Tollet. — Pierre-François de la *Fère*, chev. de Saint-Louis, seig^r de la Chaise, Saint-Henri et autres lieux.

Armes : *de gueules à une bande d'argent.*

FALLOUX. — Michel-Laurent Falloux, chev., seig^r du Lis , de la Mothe-Croutel, colonel d'infanterie, lieutenant des Gardes suisses du comte d'Artois, chev. de Saint-Louis.

Armes : *d'argent au chevron de gueules accompagné de trois étoiles de sable en chef, et d'une rose de gueules en pointe.*

FAROUIL (de). — Alexandre de Farouïl, seig^r de Vesière, lieutenant de vaisseau. — Jean-Edouard de Farouïl, chev., seig^r de Farges et Saint-Citroine. — Dame Marie Le Fèvre, veuve de Nicolas de Farouïl.

Armes : *de gueules à trois étoiles d'argent.*

FAYDEAU (de). — Pierre-François-Clément de Faydeau, chev., seig^r de la Coussaie, Lenneau, Jousseau, ancien capitaine d'infanterie.

Armes : *d'azur au chevron d'or accompagné de trois coquilles de même.*

FAY DE LA TAILLÉE (du). — Louis-Charles-Marie Fay de la Taillée, prêtre, écuyer, seig^r de la Taille-Exoudun, la Motte-de-Chéré, la Chauvillière et autres lieux.

Armes : *d'azur à trois ranchiers d'or, posés 2 et 1.*

FAY-PEYRAUD (de). — Jacques-Joseph Fay-Peyraud, chev., seig^r de la Chaise, Avanton, etc. — Charles Peyraud de la *Chèze*, seig^r de Ragot. — Jacques-René Peyraud de Périgny, ancien capitaine aux Gardes françaises, colonel d'infanterie.

Armes : *de gueules à la bande d'or chargée d'une fouine d'azur.* Alias : *d'azur à trois anneaux d'or.*

FEINIEUX (du). — Martial *Dufeineux.*
Armes : *de sinople à quatre flammes d'or, posées 2 et 1.*

FÉLIX (de). — Victor-Agathe de Félix, écuyer, seig^r de Vudas et autres lieux.
Armes.....

FERRAND. — *Ferren*, seig^r châtelain de la Ronde et Verné.

Armes : *d'azur à trois épées d'argent rangées en pal, celle du milieu ayant la pointe en haut, à la fasce d'or brochant sur le tout.*

FERRÉ (de). — François, marquis de Ferré.
Armes : *de gueules à la bande d'argent accompagnée de trois fleurs de lis d'or, posées 2 et 1.*

FERRIÈRE (de). — Charles-Léon de Ferrière, chev. , seig^r de la Coudre, Tillon, etc. — Jacques-François de Ferrrière, chev., seig^r de Marsay. — Charles-Elie de *Ferrière-Marçay*, seig^r de Marsay.

Armes : *d'azur à trois pommes de pin d'or la tige en haut, à la bordure de gueules.*

FERRON DE LA FERONNAYS. — Eugène Ferron de la *Feronnay*, seig^r de·la Beauchère. — Françoise-Jeanne-Antoinette Robert *Fenoux* de la Feronnay, dame de Ladore et Belleville.·

Armes : *d'azur à six billettes d'argent posées 3, 2 et 1; au chef de gueules chargé de trois annelets d'argent.*

FESWAL (de).—Pierre-Philippe-Joseph, chev., baron de Feswal, ancien capitaine au régiment de Normandie-Infanterie.

Armes.....

FEVRET (de). --? Éon de Fevret, écuyer, ancien chevau-léger de la garde du roi, seig^r de Boussay et de Fevret.

Armes.....

FILLEAU. — Jean Filleau, chev. de Saint-Louis. — Henri Filleau, seig^r de Groges, procureur du Roi au Présidial de Poitiers.

Armes : *de gueules à la fasce d'argent accompagnée de trois coquilles d'or, posées 2 et 1.*

FITE (de la). — Dame Françoise-Marguerite Pestalozzi, veuve de M. de la Fite.

Armes : *d'hermines à la croix alaisée de gueules.*

FLEURY (de). — Louis de Fleury, écuyer, seig^r de Beauregard. — Louis *Flécory*.

Armes : *d'argent à l'aigle éployé de gueules.*

FOLZERS (de). — Joseph-Charles de Folzers, lieutenant-colonel commandant le bataillon du régiment d'Angoumois.

Armes.....

FONTENELLE (de la). — Henri-Armand-Célestin de la Fontenelle, chev., seig^r de Vaudoré, Saint-Jouen, Milly et Cerisaie. — Demoiselle Paule-Amélie de la Fontenelle, dame du Plessis.

Armes : *d'azur à quatre étoiles d'or cantonnées au croissant montant d'argent en abîme, surmonté d'une étoile d'argent.*

FOREST (de la). — Dame veuve Alexis de la Forest de la Groissardière, dame de la Vésinière. — Marie-Anne-Alexis de la Forest, chev., seig^r de la Châtellenière, Fougères, les Landes-Blanches, chevau-léger.

Armes : *d'azur à six croisilles d'argent, posées 3, 2 et 1.*

FORIEN. — Dame Catherine-Perrine Forien, dame de Saint-Juire.

Armes.....

FOUCHER. — Calixte-Charles-Gilles-Julien Foucher, baron de Brandois, seig^r de la Motte-Achard, la Morière et autres lieux. — Jacques-Julien Foucher, seig^r de la Penardière.

Armes : *de sable au lion d'argent.*

FOUCHIER (de). — Dame Anne de Laspage, veuve de *Fauchier*, dame de Preseoir-Bâchelier.

Armes : *d'argent au lion de sable armé, lampassé et couronné de gueules.*

FOUGIÈRES (de). — Joseph de Fougières, chev., seig^r vicomte de Brosses et autres lieux.

Armes : *d'azur à la fasce d'argent accompagnée de quatre molettes d'éperon d'or, 1 en chef et 3 en pointe.*

FOURNIER (de). — Pierre-Jacques Fournier de *Bois-sairauth*, chev., seig^r d'Oyron, chev. de Saint-Louis. — Louis-Charles *Defournier*, chev., seig^r de Boismorin. — Dame Marianne-Bonne Fournier de la Gehelie, dame de la Corneillère.

Armes : *d'azur à la bande engreslée d'or, accostée de de deux étoiles d'argent, l'une en chef et l'autre en pointe.*

FOY (de). — Alexis de Foy, écuyer, seig^r de Molande et Lussay.

Armes.....

FRANCS (des). — Charles-Michel *Desfrancs*, seig^r du Fresne. — Dame Jeanne-Henriette Millon, veuve d'Augustin des Francs.

Armes : *d'argent à deux fasces de sable.*

FRANÇAIS DES COURTIS (le). — Jacques *François*, chev. des Courtis, chev. de Saint-Louis, seig^r de la Couture. — Jacques-Jean Le Français-Descourtis, seig^r marquis de la Groix et autres lieux. — Dame Marie-Radegonde Aubineau, veuve d'Antoine Le Français-Descourtis, tutrice de leurs enfants mineurs.

Armes : *d'azur à la fasce d'or, à trois étoiles de même en chef, au croissant d'argent en pointe.*

FRENEL? — François-Hector *Sonnel* d'Auzon, seig^r de la Boullaie, Saint-Benoît et autres lieux.

Armes.....

FRICON (de). — Joseph-Philippe de Fricon, chev., seig^r de la Vieille-Paume, Javarzay et autres lieux.

Armes : *d'or à une bande de gueules bordée et ondée de sable.*

FRONSAC (de). — De Fronsac, seig^r de Saint-Gatien.

Armes.....

FROTTIER DE LA MESSELIÈRE. — Louis-Marie-Bonaventure Frottier, chev., marquis de la Messelière, seig^r de Brion. — Benjamin-Éléonore-Louis Frottier, chev., marquis de la Côte-Messelière.

Armes : *d'argent au pal de gueules accosté de dix losanges de même, 5 à dextre et 5 à senestre.*

FUMÉE (de). — Marie-François-Antoine de Fumée, chev., seig^r de Cherault et autres lieux.

Armes : *d'argent à six losanges de sable, posées 3, 2. et 1.*

FUYE (de la). — Mathias, chev. de la Fuye, mineur.

Armes : *d'argent à un chevron de gueules accompagné de trois têtes de mores de sable.*

G

GABORIN. — René-Gabriel Gaborin, seig^r de Puy-main.

Armes : d'azur à trois trèfles d'or, 2 et 1.

GABORIT DE LA BROSSE. — Jean-Baptiste-Hilaire Gaborit de la Brosse, seig^r de Montjon et autres lieux. — Dame Thérèse-Marguerite de la Chesnaye, veuve de Jean-Baptiste Gaborit, écuyer, seig^r de la Brosse. — Constant, seig^r de la Brosse et autres lieux.

Armes : d'azur à trois têtes de lion d'or posées 2 et 1 ; au croissant d'argent en cœur, et une étoile d'or en chef.

GAILLARD DES FORGES-MARONNIÈRES. — Dame Jeanne Dupleix, veuve de Paul-André Gaillard des Forges-Maronnières, seig^r des Granges, Cattus, etc.

Armes.....

GALLOUIN. — Pierre-Julien Gallouin, prêtre. — Julien Gallouin, prêtre, seig^r de l'Ile-d'Olonne.

Armes.....

GARAT DE LA VILLENEUVE. — Raymond Garat, seig^r baron de la Villeneuve.

Armes : d'azur au chevron d'or accompagné de trois étoiles de même.

GARNIER. — André Garnier, écuyer, seig^r de la Boissière, Faugère, les Paraux et le Breuil. — Jean-

34

Garnier du Breuil, seig^r du Breuil. — Jean-Charles-Garnier, seig^r de la Coussière. — Pierre-Louis Garnier de Boisgrolier, seig^r de Boisgrolier. — Dame Renée-Amable Garnier, dame de Pers. — Dame Jeanne-Marie de la Fite, veuve de René Garnier de la Courmerant.

Armes : *gironné d'or et de gueules de douze pièces.*

GAUTHIER (de). — Pierre *Gaultier*, seig^r de Ville-morianne. — Jean-François de Gauthier de Rigny, ancien capitaine, chev. de Saint-Louis, seig^r de Boisgourmont. — Demoiselle Françoise *Gaulthier* de Rigny, dame de Puyparé.

Armes : *d'or à la fasce de gueules, accompagnée de deux merlettes de même en chef, et une étoile de même en pointe.*

GAUVIN. — Jacques Gauvin, chev., seig^r de Guinge. — Clément-Pierre Gauvin du Margat, écuyer, seig^r de la Roche-Danois et du Fouilloux.

Armes.....

GAY (de). — Jean-Baptiste-Ferreol de Gay, chev., seig^r de Nexon, Campagne, Cognac et autres lieux. — Jean-Baptiste *Gay*, chev. dudit nom. — Jean-Marie *Gay* du Puy-d'Anché. — Demoiselle Elisabeth-Geneviève Vallet de Solignac, veuve de Charles Gay, seig^r de Vauzay.

Armes : *d'azur à un chevron d'or accompagné de trois chaussetrappes d'argent, 2 en chef et 1 en pointe.*

GAZEAU (de). — Jacques-Victor de Gazeau, chev., seig^r de Rambergères. — Louis-Charles *Gazeau*, chev., seig^r de la Boissière. — Dame veuve de Joseph *Gazeau* de la Brandonnière, dame de Châtenay.

Armes : *d'azur au chevron d'or accompagné de trois trèfles de même.*

GÉBERT (de). — Pierre-Isaac de Gébert, chev., seig^r de Pont et de Preuilly, chev. de Saint-Louis.

Armes : *d'azur à une fleur de lis d'or écartelée d'argent, à trois roses de gueules posées 2 et 1.*

GENAYS DU CHAIL. — Thomas-François-Ignace Genays du Chail de Souvré, seig^r de Carbonnières.

Armes.....

GENNES (de). — Alexis de Gennes, chev., seig^r des Giraudières. — Mathieu de Gennes, écuyer, seig^r de Beauregard. — Hilaire-Charles de Gennes, écuyer, seig^r d'Écuré, le Lac-de-Morvant et autres lieux, ancien lieutenant d'infanterie.

Armes : *d'argent au chevron de gueules, accompagné en chef de deux roses et d'une étoile de même, et en pointe d'une coquille de sable.*

GENTET DE LA CHENELLIÈRE. — François-Auguste Gentet, chev. de la Chenellière. — Jacques Gentet de la Chenellière, seig^r de Montigny.

Armes.....

GIBOT (de). — Luc-Gérôme de Gibot, chev., seig de Laveau-Richet, Beaurepaire, Bois-de-Tervis et autres lieux.

Armes : *d'argent au léopard de sable.*

GIGOU (de). — Pierre-Simon Gigou, seig^r de Bouas.

Armes : *d'or au chevron de gueules accompagné de trois cigognes de sable.*

GILBERT. — Luc Gilbert, écuyer, seig^r de Fontenay et la Baulonnière. — Jean-Christophe Gilbert, écuyer, seig^r de Dorments et la Bruche.

Armes : *d'argent à l'aigle à deux têtes de sable.*

GIRARD DE PINDRAY. — François-Bonaventure Girard, chev., seig^r de Pindray. — Jean-Bonaventure Girard, chev., seig^r du Deffand. — Charles-Eusèbe-Gabriel Girard, chev., seig^r de Beaurepaire.

Armes : *d'argent à trois fleurs de lis d'azur, au bâton d'or posé en bande brochant sur la première fleur de lis, à la bordure d'or gorgée de trois cœurs de gueules, posés 2 et 1.*

GIRAUD. — Dame Françoise-Marie Giraud, dame de Fondfroid.

Armes : *de sable au croissant montant d'argent, au chef coupé taillé d'or et d'azur de 8 pièces.*

GORRÉ (de). — Charles-Auguste de Gorré de Villars, écuyer, seig^r de Vareilles. — Henri-Joseph de *Goret*, chev., seig^r de Champagnan. — Olivier de *Goret*, seig^r des Juges, la Porte et autres lieux.

Armes : *d'argent à une fasce.* Alias : *un chevron de gueules accompagné de trois hures de sanglier de sable, 2 en chef et 1 en pointe.*

GORRIN. — François-Philippe Gorrin, seig^r de Pomé et de Longère. — Honoré-Jérôme *Gorin*, seig^r de Chevredent.

Armes.....

GOUÉ (de). — De Goüé, chev., seig^r de la Coupe-Chagnière, officier au régiment d'Armagnac. — Louis de Goüé, chev., seig^r de Renaudière, etc.

Armes : *d'or à un lion de gueules surmonté d'une fleur de lis d'azur.*

GOULAINE (de). — Charles-Benjamin de *Goulenne*, chev., seig' de la Grange. — Charles-Marie-Anne-Samuel de *Goulenne*, seig' marquis de Laudonière et autres lieux. — François de *Goulenne*, chev., seig' de Goulenne.

Armes : *parti d'azur à une fleur de lis et demie d'or, et de gueules à trois demi-léopards d'or.*

GOULLARD (de). — Louis-Augustin de Goullard du Rétail, seig' de Saint-Étienne de Courcoué. — Louis-Jean *Goullard*, chev., seig' d'Arsay et de la Motte-Dubois.

Armes : *d'azur au lion couronné d'or.*

GOURDEAU. — Aimé-Joseph-Henri Gourdeau, chev., seig' de Saint-Cyr et autres lieux. — Louis Gourdeau, chev. du Plessis, curateur de ses neveux. — Gilbert Gourdeau, chev., seig' de la Vert et autres lieux.

Armes : *d'argent à un aigle de sable becqué et membré de gueules.*

GOURDON. — Renvale-André Gourdon de l'Archenaut, le Verger, Braud et autres lieux.

Armes : *d'argent à une bande de gueules chargée de trois besants d'or, accompagnée en chef de deux étoiles de gueules, et en pointe d'une moucheture d'hermine.*

GOURJAULT (de).— Charles-Louis, marquis de Gourjault. — Charles-Henri-Marie, comte de Gourjault. — Vicomte de *Gourjaut*, propriétaire du demi-fief de Laugerie, Menizière et la Frémaudière-Robert. — Charles-

Hubert de Gourjault, seig' de la Moitière. — Alexandre *Gourgault*, chev., seig' d'Angle-le-Bessay.

Armes : *de gueules au croissant d'argent.*

GRANDSAIGNE (de). — Léonard *Degrand-Saige.*
Armes : *d'azur à cinq besants d'argent, posés 2, 2 et 1.*

GRANGE (de la). — François de la Grange, écuyer, seig' de Peyriaud.

Armes : *de gueules fretté de vair au chef d'or, au lumbel de trois pendants de sable.*

GRANGES DE SURGÈRES (des). — Louis des Granges de Surgères, seig' de Goulgotte. — Louis-Samuel *Desgranges* de Surgères, seig' de Goulgotte.

Armes : *de gueules fretté de vair de six pièces.*

GRAVELAS DE MONTLEBEAU. — Sylvain Gravelas de Montlebeau, seig' de Chausseau et autres lieux.

Armes.....

GRAY DE FONTENELLES. — Demoiselle Marie-Françoise-Adélaïde Gray de Fontenelles. — Dame veuve de Marie-Pierre-Suzanne-Charles *Geay*, chev., seig' de Fontenelles.

Armes.....

GRÉAULME (de). — Henri–Louis de Gréaulme, ancien garde-du-corps du roi, seig' de Boisgilet. — Alexandre-Prosper-Marie, comte de *Gréolme*, chev., seig' des Cherbaudières.

Armes : *d'azur à trois cigales d'argent, posées 2 et 1.*
Alias : *de sable à trois coquilles d'or.*

GRELLET DES PRADES. — Joseph Grellet des

Prades, écuyer, seig^r de Lombard, la Moujaterie, la Cail-
lère. — Gabriel-Joseph Grellet des Prades, écuyer, seig^r
de Fleurettes et autres lieux.

Armes.....

GRELLIER.— François Grellier de Fougeroux.— Phi-
lippe-Célestin Grellier, chev., seig^r de la Jousselinière et
des Granges-de-Soudan, ancien capitaine de vaisseau,
chev. de Saint-Louis. — Dame Cécile Desmeliers, veuve
de Grellier de Concise.—Roland-Charles-Augustin, chev.,
seig^r de Concize.

Armes : *d'argent à deux roses de gueules en chef, et une
fleur de lis de sable en pointe.*

GRIGNON (de). — Joseph-Gabriel-Toussaint de Grignon, marquis de Pouzauges, seig^r des Échardières.

Armes : *de gueules à trois clefs d'or, posées 2 et 1.*

GRIMOUARD (de). — Louis de Grimouard, seig^r du
Vigneau. — Jacques-Claude-René de Grimouard, seig^r
de Peyré. — Charles-Louis-Marie de *Grimoire,* chev.,
seig^r de Dissais.— Henri-Marie-Joseph *Grimouard,* chev.,
seig^r de Saint-Laurent, la Salle, la Loge, etc. — Demoiselle Julie-Henriette de Grimouard de Saint-Laurent,
dame de la Picherie.

Armes : *d'argent fretté de gueules de six pièces, au franc
quartier d'azur.*

GUÉMÉNÉE (de). — La princesse de Guéménée, ba-
ronne d'Avaugour, Florent, Clisson, etc.

Armes : *de gueules à neuf macles d'or, posés 3, 3 et 3.*
(Rohan.)

GUERRY (de). — Charles-François de Guerry, chev.,

seig^r de Lonnai. — Jacques-Charles *Guerry*, chev., seig^r de Beauregard. — Pierre-Sulpice *Guerry*, écuyer, seig^r de Vilbon. — Dame Marie-Élisabeth Macé de Beaulieu, veuve de Jean *Guerry*, chev., seig^r de Cloudy.

Armes : *d'azur à trois besants d'or.*

GUICHARD D'ORFEUILLE. — Guichard d'Orfeuille, seig^r de Gangé, Payré, l'Herbaudière, le Coudray, ancien capitaine de cavalerie, chev. de Saint-Louis. — Jean-Baptiste Guichard *Dorfeuille*, chev., seig^r de Puy-Chemin.

Armes : *d'argent à trois têtes de léopard de sable, lampassées et couronnées de gueules.*

GUIGNARD (de). — Jean-Baptiste-René de Guignard, chev., seig^r de la Salle-Guibert et autres lieux.

Armes : *de sable à trois chevrons d'argent chargés chacun de trois mouchetures d'hermine de sable.*

GUILLARD. — Georges Guillard, chev., seig^r de la Vacherie et de Convenant, ancien officier au régiment de Normandie.

Armes : *de sable à un lion d'or.*

GUILLEMOT. — Pierre-Anne Guillemot de *Lespinasse*, seig^r de la Grange. — Guillemot de l'Espinasse, chev. de Saint-Louis, seig^r de l'Espinasse et autres lieux. — Dame Sylvine Pinneau, veuve de Jacques *Guilmot* de Ligier, officier d'infanterie.

Armes : *de gueules à trois molettes d'argent, 2 en chef et 1 en pointe.*

GUILLON DE ROCHECOT. — Fortuné Guillon de Rochecot, seig^r de Coulombiers et autres lieux.

Armes : *d'argent à un geai de sable patté et becqué d'or, au croissant d'azur en pointe et au chef cousu d'or chargé de trois roses de gueules.*

GUILLOT DE LA BARDOUILLÈRE. — Louis-Auguste Guillot de la *Bardouilière*, seig^r de la Boulinière.

Armes.....

GUINEBAULD (de). — Isaac-Florent de Guinebauld de la Millière, seig^r de Nicolleau. — Alexandre *Guilbaul*, seig^r de la Grottière.

Armes : *de gueules à trois roses d'argent.*

GUINGUAN (de). — Maurice de *Guingaud*, chev., seig^r comte de Saint-Mathieu.

Armes : *d'azur à un lion d'or, et au chef d'argent chargé de trois mouchetures d'hermine.*

GUYONNIÈRE (de la). — Dame Marie-Louise-Thérèse Lignières, veuve du seig^r de la *Gionnière*, dame de Cheffois.

Armes : *d'azur à trois têtes d'aigle arrachées d'or, couronnées et lampassées de même.*

GUYOT. — Emmanuel Guyot, écuyer, chev., seig^r de Lespar, ancien capitaine d'infanterie. — Gilbert Guyot, seig^r des Touches. — Guyot du Moleau, chev., seig^r du Moleau. — René-Joseph Guyot, chev., seig^r de Noux, la Forêt-de-Vie, Angle, capitaine de cavalerie, garde-du-corps du comte d'Artois. — René Guyot, seig^r de Doux. — Dame Florence de Lage, veuve de Pierre Guyot, écuyer, sieur de la Ferraudière et de Chez-Blève.

Armes : *d'or à trois perroquets de sinople, becqués, membrés et colletés de gueules.*

H

HALLOUIN. — Athanase-Étienne Hallouin de la Penissière, seig^r de la Dominière.

Armes : *d'or au cœur ailé de gueules , surmonté d'une ancre de sable ; au chef d'azur chargé de 3 étoiles d'argent.*

HARCOURT-BEUVRON (d'). — Anne-François de *Niancourt*, duc de Beuvron, seig^r de Vouvant.

Armes : *de gueules à deux fasces d'or.*

HAYE-MONTBAULT (de la). — Gabriel-Charles de la Haye-Montbault, seig^r de Montfermier, de la Chapelle-Gaudin et autres lieux. — Alexis de la Haye-Monbault, seig^r de Morthomé. — Dame-Catherine-Radegonde de la Haye-Montbault, veuve de Gabriel de la Haye-Montbault, chev., seig^r de la Dubrie. — Dame Aimable de la Haye-Montbault, douairière de René-Gilles de la Haye-Montbault, seig^r de la Dubrie, la Plaine, Saint-Aubin, tutrice de ses enfants.

Armes : *d'or au croissant de gueules accompagné de six étoiles de même, posées 3 , 2 et 1.* Les branches cadettes portaient en brisure : *une bordure de gueules chargée de six besants d'or.*

HERMITE (de l'). — Marc–Antoine-Tristan de l'Hermite, chev. de Bechadergues.

Armes : *d'argent à trois chevrons de gueules à la bordure denchée d'azur.*

HILLAIRE DE MOISSAC. — François-Barthélemy-Robert *Hilaire* de Moissac, chev., seig^r de la Fougeray.

Armes : *d'azur à trois tours d'argent, posées 2 et 1.*

HILLERIN (d'). — Louis-François de *Hillairin*, chev., seig^r de Bois-Tissandeau. — François-Jacques-Étienne-Augustin de l'*Ulleinis*, seig^r de la Grignonnière et autres lieux.

Armes : *de gueules à trois roses d'argent, posées 2 et 1.*

HOMMEREAU (de). — Modeste-Charles de Hommereau, écuyer, seig^r d'Aunay.

Armes.....

HORRIC. — François Horric, écuyer, seig^r de Saint-Projet et Augé.

Armes : *d'azur à trois fermaux d'or.*

HOULLIER DE VILLEDIEU. — Maximilien-Henri Houllier de Villedieu, seig^r des Aubiers.

Armes : *d'azur à un pot à deux anses d'argent, garni de trois lis de même tigés et feuillés de sinople ; au chef cousu de gueules chargé de trois croissants d'argent.*

HUGUETEAU. — Jean-Étienne-Alexandre Hugueteau, seig^r de Gourville. — Jean-Pierre Hugueteau, seig^r de Chaillié. — François-Gabriel Hugueteau de Chaillié, écuyer, procureur du roi des Eaux et Forêts de Niort.

Armes : *d'azur au chevron d'or accompagné de trois cigognes de même.*

HUGONNEAU (d'). — François d'Hugonneau du Châtenet, chev., seig^r de la Motte-aux-Gentilshommes et autres lieux, ancien capitaine de cavalerie, chev. de Saint-Louis.

Armes : *d'argent à trois feuilles de houx de sinople.*

HUILLIER DE LA CHAPELLE (l').— Jean l'Huillier de la Chapelle, lieutenant de vaisseau.— François l'Huillier de la Chapelle, capitaine au régiment de Picardie.— Jean-Louis-René l'Huillier de la Chapelle, chev., seig^r de Cellevezer. — Jean-René l'Huillier de la Chapelle, capitaine au régiment de Vexin, seig^r de Marigny. — Dame Jeanne-Charlotte Mangeant de Vauzon, veuve de Jean l'Huillier de la Chapelle, dame de Rudepaire.

Armes : *d'azur à deux lions affrontés d'or lampassés de gueules, tenant une épée d'argent en pal.*

I

IMBERT. — Pierre-Joseph-Antoine Imbert de la Choletière, seig^r de Lavaux-Martin. — Benjamin Imbert de la Terrière, seig^r des Bretillières.

Armes.....

IRLAND. — Pierre-Marie Irland de Bazôges, comte de Bazôges, lieutenant-général en la sénéchaussée et comté de Poitou. — François-Hubert Irland de Bazôges, seig^r de Preuilly et Blomb. —Jean-Charles Irland, chev., seig^r de Blanche-Coudre, Puy-Gaillard, Saint-Cyprien. — Gabriel Irland, chev., seig^r du Lac et autres lieux, ancien capitaine de cavalerie, pensionné du roi.

Armes : *d'argent à deux fasces de gueules et trois étoiles d'azur en chef.*

IZORÉ D'HERVAULT. — Armand-Louis-François Isoré d'Hervault, marquis de Pleumartin.

Armes : *d'argent à deux fasces d'azur.*

J

JACOBSEN. — Jean-Corneille Jacobsen, seig^r de Crosnières, capitaine des Chasses et inspecteur des Bois de Noirmoutiers.

Armes : *d'azur à la fasce ondée d'or, au compas de même en chef, et au cimeterre de même en pointe.*

JAILLARD DE LA MARONIÈRE. — Louis - Pierre-François Jaillard, marquis de la *Maronière,* seig^r de Moiron. — Dame Jeanne Duplex, veuve de Paul-André Jaillard de Forge-Maronière, seig^r des Granges. — Dame Françoise-Jeanne-Antoinette Ferron de la Ferronnaye, veuve de Louis-François Jaillard de la Maronière.

Armes : *d'azur à trois tours d'or.*

JANVRE. — Claude Janvre de la Bouchetière, capitaine de cavalerie. — Louis-Joseph-Jacob *Jouvre* de la Bouchetière, seig^r de Ferroux, Pamplie et Saint-Lin, ancien capitaine de cavalerie, chev. de Saint-Louis. — Philippe-Charles Janvre de Bernay. — Amable-Louis Janvre, chev. de Malte, seig^r de Saugé. — Louis-Josué *Chanvre,* seig^r de la Chalonnière, capitaine de vaisseau, chev. de Saint-Louis.— Dame Maxence-Jeanne Devenne, veuve de César-Angélique Janvre, chev., seig^r de l'Estortière.

Armes : *d'azur à trois têtes de lion d'or arrachées, couronnées et lampassées de gueules, posées 2 et 1.*

JAROUSSEAU ? — Jacques *Jarousson*, écuyer, lieutenant des canonniers Gardes-côtes de Luçon.

Armes.....

JAU DE LA COUSSAYE. — Charles-François Jau, chev., seig^r de Chantigny et la Petite-Coussaye. — Demoiselle Marie-Anne-Gabrielle Jau de la Coussaye.

Armes : *fascé ondé d'or et d'azur.*

JAUDONNET (de). — Dominique-Alexandre de Jaudonnet, chev., seig^r de Grenouillon.

Armes : *d'azur à trois têtes de coq arrachées d'or.* Alias : *d'azur au chevron d'or, accompagné de trois têtes d'aigle arrachées d'argent.*

JOUBERT (de). — Antoine de Joubert, chev., seig^r de Notre-Dame-des-Herbiers et la Papinière. — Pierre-Marie de Joubert, chev. de Landreau, seig^r de Saint-Aubin, officier de cavalerie.— Louis *Joubert* de Marsay, écuyer. — Joseph *Joubert*, chev., seig^r comte de Joubert, seig^r de Boudinière, la Touche, la Borde, la Renaudière. — René-Marie *Joubert*, baron de Landreau. — Dame Marie-Radegonde Bergier-Duplessis, veuve de François-Joseph de Joubert, chev., seig^r de Cissé, le Plessis et Disé.

Armes : *de gueules à trois tours d'or maçonnées de sable.*

JOURDAIN. — Léon Jourdain, chev., seig^r de la Châ-tellerie, les Herbiers et Marlières. — Emmanuel Jour-dain, seig^r de Crissé. — Charles Jourdain, chev., seig^r de Villiers-en-Plaine.

Armes : *d'argent à une croix de Saint-Antoine de gueules.*

JOUSLARD. — Pierre-Etienne Jouslard, seig^r de Chiperais. — Joseph Jouslard, chev. d'Yversay, lieute-nant-colonel du régiment de Touraine, chev. de Saint-Louis. — Louis-Emmanuel-Alexandre Jouslard, seig^r d'Ayron et Vergné, chev. de Saint-Louis. — Philippe, comte de Jouslard d'Yversay, chev., seig^r des Brous-seaux, la Grollière et le Chauffau.

Armes : *d'azur à deux coquilles d'or en chef et un croissant d'argent en pointe.*

JOUSSEAUME DE LA BRETÈCHE. — Louis–Cons-tantin-Jousseaume de la Bretèche, seig^r de Tiffauges.— Le comte de la Bretèche, vicomte de Tiffauges, baron de Sainte-Hermine.

Armes.....

JOUSSEBERT (de). — Jacques-Victor de Joussebert, chev., seig^r de la Cour. — Jacques *Joussebert*, chev., seig^r de la Rolandière.

Armes : *d'azur à trois molettes d'éperon d'or, posées 2 et 1.*

JOUSSERAND (de). — Frédéric-François de Jousse-rant, prop^{re} des fiefs de la Chaux et Bonnevie. — De-moiselle Henriette-Adélaïde de *Jousserault* et de la Vou-

ternie. — Demoiselle Adélaïde *Jousserand* de la Vou-
ternie.

Armes : *coupé cousu de gueules et d'azur, à un aigle
au vol abaissé d'argent becqué et membré d'or, brochant.*

JUIGNÉ (de). — Le marquis de Juigné, seig^r de Montaigu, Vieille-Vigne et autres lieux.

Armes : *d'argent à un lion de gueules couronné de
même.*

JUYON-DEVILLARMOIS? — Dame Angélique de la
Fontaine de Fontenay, veuve de Juyon-Devillarmois,
écuyer, dame de Savoie.

Armes.....

K

KEATING (de). — Golfrid de Keating, baron de
Keating, seig^r de la Coussaye. — Dame Sara Creag,
veuve de Valentin, baron de Keating, dame de la
Cigogne.

Armes : *d'argent au sautoir de gueules, cantonné de
quatre feuilles de laurier de sinople.*

KEMAR (de). — Charles-Jean-Louis de Kemar, seig^r
de Callonges.

Armes.....

L

LAHAYE (de). — Jean-François de Lahaye, chev. , seig^r de Rigny.

Armes : *bandé d'or et de sable.*

LAISTRE (de). — Armand-Joseph de *Lestre*, comte de Fontenelle , seig^r de Brins et Cour-de-Roi.

Armes : *d'azur au chevron d'or accompagné de trois cygnes d'argent, posés 2 et 1.*

LAMBERT (de). — Pierre-Philippe de Lambert, chev., seig^r d'Androux, Fontfroid, Denatte, Boisvert et Montigné. — Lambert de la Potherie , Saint-Maurice , etc.

Armes.....

LAMOIGNON DE MALESHERBES (de). — De *Maignon* de *Malzerbe*, marquis de Chef-Boutonne.

Armes : *losangé d'argent et de sable au franc quartier d'hermine, et sur le tout un écusson d'azur à la fleur de lis d'argent.*

LANDE (de la). — Nicolas *Lalande*, seig^r de Saint-Étienne et de Villenouvelle. — Dame Julie-Chevalleau de Boisragon , veuve de René-Marie *Delalande*, au nom et comme tutrice de ses enfants.

Armes : *écartelé d'or et d'azur.*

LALLUYAU D'ARNAY. — Dame Marguerite Gaultier du Mas, veuve de Jean-Baptiste Lalluyau d'Arnay, seig^r de Vieillevigne.

Armes.....

LANJON (de)? — Dame veuve de *Langon*, dame de Marçay.

Armes : *d'or à une bande de gueules.*

LAMBERTIE (de). — François, marquis de Lambertie, seig^r de la Petite-Épine. — Joseph-Emmanuel-Auguste-François, comte de Lambertie, seig^r de Saint-Martin-l'Ars, maréchal des camp et armées du roi. — Emmanuel, vicomte de Lambertie, seig^r de Marval.

Armes.....

LASPAZE (de)? — Charles-Nicolas de Laspaze, écuyer, chev. de Saint-Géneroux.

Armes.....

LAUZON (de). — François-Joseph de Lauzon, seig^r de la Poupardière. — Joachim-Antoine *Delauzon,* seig^r de la Roullière.

Armes : *d'azur à trois serpents d'argent mordant leur queue, posés 2 et 1, à la bordure de gueules chargée de six tourteaux d'or.*

LAURENCIE (de la). — Dame Marie-Suzanne-Joséphine de May de Termon, veuve de la Laurencie.

Armes : *d'azur à l'aigle éployé d'argent le vol abaissé, becqué et membré d'or.*

LARGE (le). — Charles-Pierre-Jean-Louis Le Large, chev., seig^r de Foutrèze-en-Anjou.

Armes.....

LAUVERGNAT (de). — Louis-Philippe de Lauvergnat de la Lande, garde-du-corps de Monsieur. — Jean-Claude *Lauvignat,* seig^r du Puy-d'Armanjou. — Louis *Lauver-*

gnac, écuyer, seig^r de Murault. — Dame Marie-Louise
de Brouilhac, veuve de Pierre-Philippe-Louis *Lauvergnat*,
chev., seig^r de la Lande, dame de la Licardière.

Armes : *d'azur à un oiseau de proie d'or.*

LAVAL (de). — Guy-André-Pierre, duc de Laval,
maréchal de France, seig^r de Lezay et Puy-Laurent.

Armes : *de gueules au léopard d'or.*

LECOIGNEUX DE BELLABRE. — Jacques-Louis-Guy
Lecoigneux, marquis de Bellâbre. — Denys-Jacques-
Gabriel Le *Coigneux* de Bellâbre. — Jean-Jacques Lecoi-
gneux, chev. de Bellâbre.

Armes : *d'azur à trois porcs-épics d'or.*

LEMOINE. — Lemoine, seig^r de Beaumarchais, la
Chaize-Giraud, les Halliers, la Jabaudière, écuyer de
Mme Adélaïde de France, ancien capitaine de cavalerie,
chev. de Saint-Louis.

Armes.....

LENNERIE (de)? — Jean-Jacques-François-Joseph de
Lennerie, seig^r des Choisis et autres lieux.

Armes : *d'or à trois arbres de sinople.*

LENOIR. — Paul-Gabriel Lenoir, chev., seig^r du
Pas-de-Loup, la Houpelière, chev. de Saint-Louis.

Armes : *d'argent à trois écussons d'azur, 2 et 1,
accompagnés de 7 mouchetures d'hermine.*

LEROUX. — Paul Leroux, écuyer, seig^r de la Chenaye
et autres lieux. — François Leroux, écuyer, seig^r de la
Girardière et autres lieux.

Armes : *d'azur au lion d'or, couronné et lampassé de
gueules.*

LESCOURT (de). — Charles, marquis de *Lascour*, chev., seig^r du Puy-Gaillard et Oradour-sur-Glane-en-Partie. — Dame Thérèse de Châteauneuf, veuve de Louis marquis de Lescourt, pour le fief de la Noue et du Mesnil-le-Dolent. — Michel-André *Delescourt*. — De l'*Escourt*, seig^r de Devré et autres lieux.

Armes : *coticé d'or et d'azur de dix pièces.*

LESCURE (de). — Le baron de Lescure et de Sainte-Flève.

Armes : *d'azur au chef cousu de gueules, chargé d'un croissant d'argent accompagné de trois étoiles de sable.*

LEVIEL DE LA MARSONNIÈRE. — Charles-Joseph Leviel de la Marsonnière, chev., seig^r de la Marsonnière et de Boivin.

Armes : *d'argent à un chêne de sinople.*

LEVRAULT (de). — Laurent-Côme de Levrault, seig^r des Coindres.

Armes : *d'argent à une bande d'azur.*

LIGNAUD DE LUSSAC. — Antoine Lignaud, comte et seig^r de Lussac.

Armes : *d'argent à trois merlettes de sable.*

LINIERS (de). — Alexis-Philippe-Marie, baron de *Ligniers*, chev., seig^r de Soulièvre et Paranche. — Joseph-Marie-Louis de *Ligniers*, chev., marquis de *Ligniers*, seig^r de la Güionnière. — Louis-André-Auguste de Liniers, chev., capitaine-commandant au régiment des Vaisseaux-Infanterie. — Alexis de Liniers, chev., seig^r d'Amaillou, Saint-Germain, Longuechaume, etc. — Marie-Jacques-Antoine de *Lignier*, chev., seig^r de Cran, capitaine au régiment des Vaisseaux-Infanterie. — Le chev. Liniers, novice de Saint-Jean de Jérusalem, seig^r de la Ragotière. — Demoiselles (Henriette et Marie-Thérèse) de Liniers, chanoinesses et comtesses de Saint-Martin de Thérouane. *(Parenté incertaine.)*

Armes : *d'argent à la fasce de gueules et à la bordure de sable chargée de huit besants d'or.*

LINGIER. — Philippe-Quentin Lingier, chev., seig^r de Saint-Sulpice.

Armes : *d'argent à la fasce fuselée de gueules de cinq pièces, accompagnée de huit mouchetures d'hermine, 4 en chef et 4 en pointe.*

LODRE. — Dame Rose-Françoise Servauleau, veuve de Joseph Lodre, écuyer, contrôleur des Guerres, dame de la Guissière.

Armes.....

LOHÉAC (de). — Pierre-Alexandre-Gilbert, comte de Lohéac, baron d'Auge.

Armes : *de vair plein.*

LOUVEAU. — Amable Louveau, chev. de la Guigneraie. — Louis Louveau, seig^r de la Guigneraie.

Armes : *d'azur au chevron d'or, accompagné en chef de trois étoiles d'argent, et d'une rose de même en pointe.*

LOYNES (de). — Aimé-Auguste-Louis de Loynes, chev., seig^r de Boisbaudrand, la Guernaudière et Bellenoue. — Denis-Louis-Jacques-Nicolas de Loynes, marquis de la Coudray, seig^r de Saint-Martin-la-Rivière et autres lieux. — Gabriel-Simon-Léger-Germain-Justin de Loynes, chev., seig^r de la Marzelle, la Guillebaudière et autres lieux. — François-Célestin de Loynes, chev. de la Coudray.

Armes : d'azur à sept besants d'or, posés 4 et 3; au chef de gueules chargé de deux sautoirs d'argent, et sur le tout une fasce gironnée et contre-gironnée d'or et d'azur.

LUCAS DE LA BROUSSE. — Paul Lucas de la Brousse, seig^r de Meizieux.

Armes.....

LUCHET (de). — Michel de Luchet, seig^r de la Mitière.

Armes : d'argent au lion couronné de gueules.

LUSIGNAN (de). — Philippe-Hugues-Anne-Roland-Louis, comte de Lusignan, lieutenant-général des armées du roi, seig^r des Marais, Bonnet et autres lieux. — Etienne de Lezai, seig^r de Grandchamp.

Armes : (Lezai-Luzignan) burelé d'argent et d'azur à l'orle de huit merlettes de gueules, au franc quartier de même.

M

MACÉ (de). — Marie-Prosper Macé, seig^r de Barbelais. — Louis-Prosper *Massé*, seig^r de Barbelais. — Louis de *Massé*, écuyer, seig^r du Tillou. — Dame Anne Ouvrard, veuve de René *Massé*, dame de Potineaux.

Armes : d'azur à un chevron d'or, accompagné en chef de deux roses de même et en pointe d'un oiseau d'argent.

MAICHIN. — Jean-Charles Maichin, chev., seig^r de la Toucherolle.

Armes : *d'azur à deux fasces d'or, chargées de cinq roses de gueules, 3 et 2, accompagnées de cinq coquilles d'argent, 3 en chef et 2 en pointe.*

MAIGNAN (le). — Louis-Athanase Le Maignan, chev., seig^r de Boué, le Vairlé et autres lieux.

Armes : *de gueules à la bande d'argent, chargée de trois coquilles de sable.*

MAIGRET DE VILLIERS. — Pierre Maigret de Villiers, seig^r de Razines et autres lieux.

Armes : *d'azur au bâton péri en bande, accompagné de trois fleurs de lis d'argent.*

MAILLÉ (de). — Louis-Joseph de Maillé, chev., seig^r de la Cochinière.

Armes : *de gueules à trois fasces ondées d'or.*

MAISONS (des). — Joseph-Guillaume, c^{te} des Maisons, baron du Palluaud et de Payrot, capitaine de cavalerie.

Armes : *de gueules à trois tours d'argent, 2 et 1, au chef d'argent chargé de deux molettes d'éperon de gueules.*

MALLET DE MAISONPRÉ. — Charles *Malet* de Maisonpré, écuyer, seig^r de Châtenay et autres lieux.

Armes.....

MALLEVAUD (de). — Gabriel-Benjamin de *Malvaux*, seig^r de la Varenne. — Marguerite-Charlotte de Peyrou, veuve de François-Antoine de *Mulvaux*, chev., seig^r de Marigny, Anché et autres lieux.

Armes : *d'argent à trois vires d'azur, et un bâton de même en pal au centre de l'un.*

MANCEAU. — Jacques-Gabriel-Marie *Manseau*, seig^r de la Clervoudière.

Armes : *d'argent au chevron de gueules accompagné en pointe d'un chêne de sinople ; au chef d'azur chargé de trois étoiles d'or.*

MANCIER (de). — François Mancier, écuyer, seig^r de la Borie et de la Brousse. — François *Maurier*, chev., seig^r de la Borie.

Armes : *d'azur à trois mains d'argent.*   —

MANGIN. — Louis-Joseph Mangin de Joumé. — Sylvain Mangin de Beauvais, écuyer, seig^r de Voulpaudière. — Demoiselle Madeleine Mangin. — Dame Anne-Jeanne-Rose d'Argence, veuve de Mangin de Beauvais, écuyer. — Jean Mangin, chev., seig^r d'Ouin, les Lignes, etc., ancien officier au régiment de Poitou.

Armes : *d'azur à deux croissants d'argent posés en fasce.*

MARANS (de). — Pierre-Louis de Marans, seig^r de la Petite-Rochebœuf, officier de cavalerie. — Gabriel de Marans, seig^r de Laudetrie. — Jean-César de *Maran*, seig^r de Varenne. — Demoiselle Claire de Marans. — Demoiselle Julie de Marans. — Dame Marie Martel, veuve de Louis-François de Marans, chev. de Saint-Louis, dame de Tricon.

Armes : *fascé d'or et d'azur de six pièces, au chef de deux pals d'azur et d'or, coupés aux deux cantons.*

MARCONNAY (de). — Louis-Michel de Marconnay, chev., lieutenant-colonel d'infanterie, lieutenant en premier aux Gardes françaises, chev. de Saint-Louis. —

Jacques-Louis-Jean-Auguste de Marconnay. — Henri Mauclerc de Marconnay, chev., seig^r de la Chevallerie et Chevrette. — Louis-Isaac-Auguste, comte de *Marconnaye*, chev., seig^r baron de Puy-du-Fou.

Armes : *de gueules à trois pals de vair, au chef d'or.* Anciennement : *brisé d'un lambel de cinq pendants d'azur.*

MARÉCHAL (le). — Dame Sylvie-Antoinette de Jourdain, veuve de Jean Le *Marchal.*

Armes : *d'azur au chevron d'argent accompagné de trois étoiles de même, 2 en chef et 1 en pointe.*

MAROLLES (de). — Jean-Louis-Lucas de Marolles, seig^r de Malsange.

Armes : *d'azur à une épée d'argent à la garde d'or, posée en pal entre deux pennes adossées d'argent.*

MARNI (de)?— Samson *Marin*, chev., seig^r de Boullières.

Armes : *de gueules au lion d'argent armé et lampassé de sable.*

MARON. — Henri-Modesté Maron de *Serzé*, seig^r de la Bonardelière. — Dame de Couhé de Lusignan, veuve de Louis-René Maron, seig^r de la Bonardelière.

Armes : *d'azur à une colonne d'argent.*

MARQUETS (des). — Joseph-Gaspard *Desmarquets* de Cercé, écuyer, seig^r de Beaupuis.—Joseph *Desmarquets*, chev. de Féré. — Pierre *Desmarquets*, chev., seig^r de la Brosse. — Henri-Joseph *Desmarquets*, chev., seig^r de

Céré, Beaupuis, Saulgé. — Louis *Desmarquets*, chev., seig^r de Saint-Hilaire.

Armes : *d'azur à la bande d'argent accompagnée de deux croissants d'or, 1 en chef et 1 en pointe.*

MARSAULT DE PARSAY. — Alexis-René-Angélique Marsault, chev., seig^r de Parsay et Cruvois.—Demoiselle Angélique Marsault de Parsay, dame de Fontenelle.

Armes : *d'argent à trois lions de sable lampassés et armés de gueules.*

MARSANGE (de).—Henri de Marsange, seig^r de Vaubrie.

Armes : *d'argent à trois merlettes de sable.*

MARTEL (de). — René-Roland de Martel, écuyer, ancien capitaine de vaisseau, chev. de Saint-Louis. — René *Martel*, marquis de Martel et baron de Riez. — Laurent-Charles *Demartel*, chev., seig^r de Villeneuve et des Roches.

Armes : *d'or à trois martels de gueules, posés 2 et 1.*

MARTIN (de). — Pierre *Martin*, chev., seig^r de la Rochemont et autres lieux. — Antoine *Martin*, chev., seig^r de la Goutte-Bernard. — François *Martin* de Lajon, seig^r du Peux. *(Parenté incertaine.)*

Armes.....

MARTIN (de). — Joseph de Martin de Jartrau, chev., seig^r de Grèves.

Armes : *d'argent à la fasce ondée d'azur.*

MASCUREAU (de). — Pierre *Demascurault*, écuyer, seig^r de la Roche.— François *Demascurault*, chev., seig^r de Sainte-Terre. — François *Mascurau* de Sainte-Terre, écuyer.

Armes : *fascé d'argent et de gueules de six pièces, coupé d'argent à trois étoiles de gueules, posées 2 et 1.*

MASSON DE LA PERRAY.— Jacques-François Masson de la Perray, chev. — Gabriel Masson de la Perray. — Gabriel Masson de la Perray, chev., seig^r de la Fumoire.

Armes : *d'argent à cinq carreaux de gueules, posés 3, 2 et 1.*

MASSOUGNE (de). — Jean de Massougne, écuyer, seig^r des Fontaines.— Denis de Massougne, écuyer, seig^r de la Barre et autres lieux.

Armes : *d'argent à trois têtes de couleuvre couronnées d'azur ; au chef de gueules chargé de deux croisettes d'argent.*

MAUCLERC (de). — Benjamin-Jacques de Mauclerc. Armes : *d'argent à la croix ancrée de gueules.*

MAURAS (de).— Charles de Mauras, écuyer.— Dame Jeanne de *Maurat*, veuve de Charles-Louis de *Maurat*, seig^r de la Fortinière.

Armes : *d'azur à trois bandes ondées d'argent.*

MAURE. — Louis-Marie Maure, chev. de la Frappinière.

Armes.....

MAUROY (de). — Denis-Jean de Mauroy, marquis de Mauroy, seig^r de Pugny et autres lieux, maréchal de camp, chev. de Saint-Louis.

Armes : *d'azur au chevron d'or, accompagné de trois couronnes ducales de même.*

MAUVISE (de). — Louis-Alexandre de Mauvise, écuyer, chev., seig^r de Châtillon. — De Mauvise du Peux, seig^r du Grand-Valençay. — Henri de *Mauvis*, seig^r de Laudonnière, officier au régiment de Beaujolais. — Dame Élisabeth de la Porte *Devezin*, veuve de Henri-Charles de *Mauvis*, seig^r du Tillou. — Dame Jeanne de Lamazière, veuve de Bernard de *Mauvis*, dame de Villiers, tutrice de ses enfants.

Armes : *d'argent à la croix ancrée de sable, accompagnée en chef de deux croissants de gueules.*

MAY (de). — Philippe-Louis de May, chev. de Fontafret, seig^r de la Bouige. — Étienne *Demay* de Fontafret, écuyer, seig^r du Petit-Cloître, des Portes et autres lieux, chev. de Saint-Louis.

Armes : *d'azur à une fasce d'or accompagnée de trois roses d'argent.* Pour les cadets : *d'azur à une fasce d'argent chargée de deux roses de gueules, et accompagnée en chef d'un lambel d'argent de trois pendants, et en pointe d'une rose de même.*

MAY DE MOIZEAU (le). — Jacques-François Le May, chev., seig^r de Moizeau. — René *Lemay* de Moizeau.

Armes : *d'azur à trois feuilles de chêne avec leurs glands d'or.*

MAYAUD DE BOISLAMBERT. — Jean-Jacques Mayaud de Boislambert, chev., seig^r du Grand-Rivet. — Jacques-François Mayaud de Boislambert, chev., seig^r de la Grand-maison et la Girarderie.

Armes : *d'argent à un mai de sinople en pal, sortant d'un croissant d'azur.*

MAYNARD (de).—Charles-Guy-Thomas de Maynard, seig^r de la Claye. — François-Bonaventure-Germanicus de Maynard, seig^r de Langon. — François-Bonaventure-Germanicus-Bénigne de *Mesnard*, chev., seig^r de la Baugizière. — Alexandre-Bonaventure, comte de *Mesnard*, maréchal de camp, capitaine-colonel des gardes de Monsieur. *(Parenté incertaine.)*

Armes : *d'argent fretté d'azur.*

MEAUPOU (de).— De Meaupou, seig^r de la Motte-de-Chandeniers.

Armes : *d'argent au porc-épic de sable.*

MENCHÈRE. — Benjamin-Louis Menchère, chev., seig^r de Saint-Christophe du Ligeron.

Armes.....

MENOU (de).— Georges-Pierre-Constantin de Menou, officier au régiment de Bresse-Infanterie. — De Menou, seig^r de Rasse.—Dame Marie-Louise-Henriette Chetton, veuve de Georges de Menou.

Armes : *de gueules à la bande d'or.*

MERCIER (de).— François-Thècle de Mercier, chev., seig^r de Leigné, l'Houmois et autres lieux. — Marie-Thérèse-Victor de Mercier, chev., seig^r de Saint-Martin.

Armes : *d'argent à trois mouchetures d'hermine de sable.*

MESNARD (de). — René-Augustin-François de Mesnard, marquis de Toucheprès, baron de Châteaumur. —

Louis-Marie-Pierre *Mesnard,* seig^r de la Sicotière et autres
lieux.

Armes : *d'argent à trois porcs-épics de sable miraillés
d'or, posés 2 et 1.*

MESSEMÉ (de). — Joseph-Désiré de Messemé, seig^r
de Saint-Christophe, lieutenant de vaisseau, chev. de
Saint-Louis. — Émery de Messemé, seig^r de la Bize. —
Jean de Messemé, écuyer, seig^r de Chougne.

Armes : *de gueules à six palmes d'or, les tiges ajoutées
en cœur.*

MICHEL. — Pierre Michel, écuyer, seig^r des Essarts-
de-Corbin.

Armes.....

MIGNOT (de). — André-Marie de Mignot-d'Oudeau,
seig^r dudit lieu. — Alexandre-Marie-Joseph de Mignot,
seig^r de Pierrefitte.

Armes.....

MILON. — Jean-Pierre *Millon,* seig^r du Mont.

Armes : *d'azur à la fasce d'or accompagnée de trois roses
d'argent, 2 et 1, et un soleil d'or en chef.*

MIRABEAU (de). — Marie-Geneviève de Vassant, marquise de Mirabeau, dame de Brie et Chevronal.

Armes : *d'azur au chevron d'or, accompagné en chef de
deux roses d'argent, et en pointe d'une coquille de même.*

MOLÉ (de)? — Pierre Mathieu, chev. de Molé, lieutenant de vaisseau.

Armes.....

MOLEN DE LA VERNÈDE (de). — Henri *Moleim* de

la Vernède de Rimbault, chev., seig^r de Rimbault et autres lieux.

Armes : *d'azur à trois sautoirs alaisés d'or, 2 en chef et 1 en pointe.*

MONBEL (de)? — Marquis *Desnoubel.* — De *Boubiel,* chev., seig^r des fiefs du Coudray.

Armes : *d'or au lion de sable armé et lampassé de gueules, à la bande d'hermine et de sable.*

MONDAIN. — Dame Marie-Louise Bonnet, veuve de Joseph Mondain (ou Mondeny).

Armes.....

MONDION (de). — Joseph-Louis-Vincent, comte de Mondion, chev., seig^r d'Artigny, lieutenant des Maréchaux de France. — De Mondion de Chassigny. — Nicolas-Charles de Mondion, chev., seig^r de Cormé. — De Mondion, seig^r de Falaise, ancien capitaine de cavalerie, chev., de Saint-Louis. — De Mondion, seig^r de Boissé, Courcoué et autres lieux.

Armes : *d'argent à deux fasces de sable, accompagnées en chef de trois roses de gueules.*

MONNEIX D'ORDIÈRES. — Louis-Alexandre, chev. Monneix d'Ordières, seig^r de Laleu, le Bouchage, la Valette et autres lieux.

Armes : *écartelé aux 1 et 4 d'or au lion de gueules, aux 2 et 3 d'azur à deux chevrons d'or.*

MONSORBIER (de). — Honoré-Benjamin-Charles de Monsorbier, chev., seig^r de la Brollière.

Armes : *d'azur à trois pattes de lion d'or, posées 2 et 1.*

MONTAIGU (de). — Charles-François-Louis-Antoine-Geneviève, marquis de Montaigu, mestre de camp de cavalerie.

Armes : *d'azur à deux lions d'or couronnés, armés et lampassés d'argent.*

MONTALEMBERT (de). — François de Montalembert, écuyer, seig^r des Vergnes.

Armes : *d'argent à la croix ancrée de sable.*

MONT-AQUET-D'OZAY (du). — Joseph-François du Mont-Aquet-d'Ozay, chev., seig^r de Richemont, maréchal des camp et armées du roi.

Armes : *de sable à trois seaux d'or posés 2 et 1, surmontés en chef d'une croix d'argent.*

MONTAULT DE RADEFEU. — Dame Marie-Elisabeth-Charlotte Herbert de Grandmont, veuve de Jean-François-Isaac Montault de Radefeu, écuyer, correcteur de la Chambre de Blois. — Montault-Desiles, seig^r de la Fontaine. — Pierre-Ambroise-François Montault de Brault.

Armes.....

MONTAUDOUIN (de). — Thomas-René de Montaudouin, seig^r de la Rebatelière, la Jarrie, Chavagné et autres lieux. — Thomas-Tobie de Montaudouin, chev., seig^r de la Bonnière et autres lieux. — René-Patrice de Montaudouin, chev., seig^r du Bois-Joutrau. — Demoiselle Bonne *Montaudouin*, dame de la Josnière. — Dame Thérèse de Montaudouin, tutrice de dame de Minson et de Riez.

Armes : *d'azur à une montagne de six coupeaux d'argent.*

MONTAUSIER (de). — Dame marquise de *Montau-ziers*, dame de Boispauvreau et Marconnay.

Armes : *d'or à trois losanges d'azur, posés 2 et 1.*

MONTENOND (de). — Le comte de Montenond.
Armes.....

MONTIERS DE MÉRINVILLE (des). — François-Louis-Augustin, marquis *Desmoutiers*. — François-Martial *Desmoutiers*, vicomte de Mérinville.

Armes : *écartelé aux 1 et 4 d'azur, à deux lions d'or passant l'un sur l'autre; aux 2 et 3 d'argent, à 3 fasces de gueules.*

MONTY DE LA RIVIÈRE. — Claude de Monty de la Rivière, seig^r de Douet.

Armes : *d'azur à la bande d'or, accompagnée de deux montagnes à six coupeaux du même, 1 en chef et 1 en pointe.*

MONTMILLON (de). — Louis *Demonmillon*, chev., seig^r de la Paillerie.

Armes : *d'azur à deux cœurs accolés d'or, accompagnés de trois étoiles de même, 2 et 1.*

MONTMORENCY - LUXEMBOURG (de). — Anne-Charles-Sigismond de Montmorency-Luxembourg, duc de Luxembourg, pair de France, comte d'Olonne.

Armes : *d'or à la croix de gueules cantonnée de quatre alerions d'azur et chargée en cœur d'un écusson d'argent, au lion de gueules couronné d'or.*

MORAIS (de). — Gabriel-Alexis de Morais, chev., seig^r de la Plussonnière.

Armes : *d'or à six annelets de sable.*

MOREAU. — Etienne-Joseph-Aimé Moreau, seig^r de Moulières et autres lieux. — Alexis-Modeste Moreau, seig^r de Villefonds et autres lieux. — Joseph-Henri Moreau, écuyer, seig^r de Marillet. — Alexis-René-Marie-Anne Moreau, seig^r du Plessis-Moreau et autres lieux.

Armes : *de gueules à une épée d'argent garnie d'or, la pointe en bas.* — Alias : *d'azur à un mûrier d'argent.*

MOREL DE FROMENTAL. — Alexandre Morel de *Fromensac.*

Armes : *d'azur au chevron d'or accompagné de trois étoiles d'argent, celle de la pointe soutenue d'un croissant de même.*

MORIN. — Claude Morin de Boismorin, chev. — François-Bernard Morin, écuyer, seig^r de Mézerald et de la Morinière, ancien conseiller au Parlement de Paris. — Louis Morin, écuyer, seig^r de Grandpré. — Pierre Morin, chev., seig^r de Châtillon, de l'Haullier, garde-du-corps du roi.

Armes : *parti, contrefascé d'argent et d'azur de huit pièces.*

MORISSON. — Morisson, chev., seig^r de la Lottière. — Henri Morisson, chev., seig^r de la Bastière, la Thibaudière et autres lieux.

Armes : *de sable à trois épées mises en sautoir d'argent.*

MOTHE (de la). — Demoiselle Jeanne-Louise de la Mothe, dame de Saint-Sauveur. — Demoiselle Renée-Avice de la Mothe, dame de Saint-Sauveur.

Armes.....

MOTTE (de la). — Louis-Benjamin de la Motte, chev., baron de Mareuil et autres lieux.

Armes.....

MOUILLEBERT (de). — Charles-Auguste de *Moillebert*, seig^r de Puysec et autres lieux. — Louis-Alexandre de *Mouilbert*, chev., seig^r du Poiron et de la Mothe-Hanssard.

Armes : *d'argent à la fasce de gueules accompagnée de trois roses de même, posées 2 et 1.*

MOULINS-ROCHEFORT (de). — Marie-Jean-Élie, chev. de Moulins-Rochefort, seig^r de Chiré-en-Montreuil. — Charles-Isidore-Élie, comte de Moulins-Rochefort, chev., seig^r de la Vineuse, Louvradière, Étiliou, ancien officier de marine, chev. de Saint-Louis.

Armes : *d'argent à trois anilles de moulin de sable, posées 2 et 1.*

MOUSSIER ? — François Moussier, écuyer.
Armes.....

MOYZEN (de) ? — Louis de Moysen, chev., seig^r de la Guyonnière. — François-Xàvier de Moysen, chev., seig^r de Lauzerie.

Armes : *d'azur à trois croissants montant 2 et 1, à une rose d'or au cœur de l'un.*

N

NARBONNE (de). — Daîne marquise Duplessis-Châtillon, de Nonant, de Saint-Gelais, veuve du comte de Narbonne, dame de Cherveux.

Armes : *de gueules à un écusson d'argent, au chef de sable.*

NAUXAC (de)? — Marie-Charles-Marc de Nauxac, chev,, seig^r de la Brunière et autres lieux.

Armes.....

NOSSAY (de). — Jacques-Antoine, comte de Nossay, seig^r de Tillon. — Louis-François de Nossay, seig^r d'Ardame et les Grands-Châtelliers.

Armes : *d'argent à trois fasces de sable accompagnées de 10 merlettes de même, posées 4, 3, 2 et 1.*

NOUHES (des). — Louis-Gabriel-André-Paul des Nouhes, chev., seig^r de la Cacaudière. — Des Noues de Robineau, seig^r de plusieurs fiefs en Poitou. — Henri-Marie des *Rouhes*, chev., seig^r de la Limousinière.

Armes : *de gueules à la fleur de lis d'argent.*

NOYERS (des). — Philippe-Gabriel des Noyers, chev. du Plessis.

Armes.....

NUCHÈZE (de). — Etienne *Muche*, seig^r de Badevilain, la Petite-Vau, Baigné et Fresnay.

Armes : *de gueules à neuf molettes d'éperon de cinq pointes d'argent, l'écu en bannière.*

O

OGERON DE VILLIERS. — Philippe Ogeron de Villiers, seig^r de la Poplinière, Souillé et la Fourcherie.

Armes : *d'azur à un cor versé d'or lié de gueules, accompagné de trois macles d'argent.*

OIRON (d') ? — Pierre-Joseph d'*Orron*, seig^r du Verger.

Armes : *d'argent à trois roses de gueules feuillées de sinople.*

ORBEL (d'). — Pierre-Étienne *Datrel*, seig^r de la Chaboissière et autres lieux.

Armes.....

ORFEUILLE (d'). — Charles-Louis-Marc, comte d'Orfeuille, seig^r de Bueil-Bréchon, Lagrigaude, père et administrateur de demoiselle Ursule d'Orfeuille, dame de la Grange-Sigournai.—Jean-René-Marie-Anne, comte d'Orfeuille, chev., seig^r de la Raffinière.

Armes : *d'azur à trois feuilles de laurier d'or.*

OUDARD-FEUDRIX ? — Louis-Georges Oudard-Feudrix, chev., seig^r de Brecquigny, le Chêne et autres lieux.

Armes.....

P

PALLU DU PARC. — Léonard-François-Xavier Pallu du Parc, écuyer, seig^r du Parc et de Boisvert. — Claude Pallu du Parc, écuyer, seig^r du Peux. — Claude Pallu *Duparc*, écuyer, seig^r de la Jarrige et du Peux.

Armes : *d'argent au palmier de sinople sur une terrasse de même mouvante de la pointe de l'écu, accosté de deux mouchetures d'hermine.*

PANDIN. — Josué Pandin, écuyer, seig^r de la Lussaudière.

Armes : *d'azur à trois pals d'argent au chef cousu de gueules, chargé de deux fasces (burelles) d'or à la bande de même brochant sur le tout.*

PANON. — Jacques-Louis Panon, seig^r de Faye-Moreau.

Armes : *d'or à la fasce d'azur chargée de deux pailles en queue, accompagnée en chef d'une main de carnation.*

PAPON DU BREUIL. — Jean-Baptiste Papon du Breuil, écuyer, seig^r de Roussai. — Jacques Papon du Breuil, seig^r de Gaurion.

Armes : *d'azur semé d'hermines d'argent.*

PARENT. — Jean-Jacques-Amable Parent, seig^r de Curzon, la Genouillère et Boisrenard.

Armes : *d'azur à quatre barres d'argent.*

7

PARYS DE POULANGE. — Claude-René Parys, comte de Poulange, chev., seig^r de Preuille et les Chênes-Caillaud, chef d'escadre des armées navales.

Armes.....

PASTURAULT. — Jacques *Paturault*, chev., seig^r de Javeleau et Riou.

Armes : *d'azur au chevron d'argent chargé de sept aiglettes de sable, accompagné de deux gerbes d'or en chef et un mouton en pointe.*

PELAUD DE MAUTÊTE. — Claude-Nicolas Pelaud de Mautête, seig^r dudit lieu.

Armes : *d'argent à l'aigle éployé de sable.* Alias : *de gueules semé de billettes d'or, au lion d'argent sur le tout.*

PÉRIGORD. — Ambroise Périgord, seig^r de Beaulieu et Villechuon.

Armes.....

PÉRUSSE DES CARS (de). — Nicolas de Pérusse d'*Escars*, lieutenant-général des armées du roi. — François-Nicolas-René, comte de Pérusse *Descarts*, colonel du régiment d'Artois-Dragons et gentilhomme d'honneur de Mgr d'Artois.

Armes : *de gueules au pal de vair appointé et renversé.*

PÉRY. — François Péry, seig^r de Nieul.

Armes: *d'argent à deux lions de gueules l'un sur l'autre, au chef de sable.*

PESTALOZZI (de). — César-Pierre, comte de Pestalozzi, seig^r des Robinières, colonel du régiment de Lauzun.

Armes.....

PHILIPPES (de). — Jean-Charles-Aimé de Philippes, seig^r de la Gibonnière.

Armes : *d'azur à un chevron d'or, accompagné de trois roses de même, 2 en chef et 1 en pointe.*

PICARD DE PHELIPPEAUX (le). — Louis-Edmond Le Picard de *Phelipeau*, chev., seig^r de la Salle et autres lieux.— Jean-René Le Picard de Phelippeaux, seig^r de la Valette et autres lieux.

Armes : *d'azur au lion grimpant d'or, armé et lampassé de gueules.*

PIÉGU-POT (de). — Louis Pot de Piégu, seig^r dudit lieu.

Armes : *d'or à la fasce d'azur au lambel de gueules de trois pièces.*

PIGNONNEAU (de). — Louis de Pignonneau, chev., seig^r des Brières, pour ses fiefs en la paroisse de Chauvigny.

Armes : *d'argent à cinq fusées de gueules en fasce, surmontées d'un lambel de même.*

PIN DE LA GUÉRIVIÈRE (du). — François-Louis-Gabriel *Dupin* de la Guérivière, chev., seig^r de Courgé. —Dame Louise-Marie-Madeleine Guillaume de Fontaine, veuve de du *Pain*, dame du marquisat de Blanc.—Dame Marie-Anne Courault, veuve de Pierre-Louis *Dupin* de la Guérivière et de Draize.

Armes : *d'argent à trois bourdons de gueules posés en pal.*

PINDRAY (de). — Henri de Pindray, écuyer, seig^r de la Roche-d'Aurillac.

Armes : *d'argent au sautoir de gueules.*

PIDOUX. — Charles-Gabriel Pidoux, seig^r de la Moisnerie et autres lieux.

Armes : *d'argent à trois frettes de sable, 2 en chef et 1 en pointe.*

PINEAULT DE BONNEFOND. — Jean *Pinneau* de Bonnefond, chev., seig^r de Bonnefond, Charve et autres lieux.

Armes : *d'argent à un chevron de gueules, accompagné de trois tourteaux de même.*

PLANCHE (de la). — Marie-Pierre-Constant, écuyer, seig^r de la Planche, prêtre, grand-chantre, vicaire général de Poitiers.

Armes : *d'argent à un lion de sable couronné de sinople.*

POIGNAUD. — Paul Poignaud de Fontenioux, écuyer, seig^r de Saint-Denis, la Basilière et la Salinière. — Jean-Baptiste *Poignaut*, chev., seig^r de la Salinière. — Hubert *Poignaut* de Lorgères, chev., seig^r de la Salvagère. — Philippe *Poignaut*, chev., seig^r de Lorgères.

Armes : *d'argent à un lion de gueules.*

POIREL DE GRANDVAL (de). — Dame Catherine de Poirot de Boussay, veuve de Louis de Poirel de Grandval, chev., seig^r de Mouton.

Armes : *d'argent à un chevron d'azur accompagné de trois cœurs de gueules.*

POIRIER DE LA FRANCHÈRE. — Pierre-Paul-Jacques-Alexis *Porreau* de la Franchère.

Armes : *d'argent au chevron de sable, accompagné en chef de deux étoiles d'azur, et en pointe d'un poirier de sinople.*

POITEVIN. — Charles-Louis-François Poitevin, chev., seig^r de la Rivière. — Charles Poitevin du Plessis-Landry.

Armes : *de gueules à trois haches d'armes d'argent emmanchées de sable, posées 2 et 1.*

PONS (de). — Charles-Armand-Augustin Pons, vicomte de Pons, comte de Clermont, premier baron du Dauphiné, chev. de Saint-Louis. — Psalmet de Pons, chev. — Joseph de *Poru*, écuyer, seig^r de l'Oliverie et autres lieux.

Armes : *d'argent à une fasce coticée d'or et de gueules de six pièces.*

PONTHIEUX (de). — Louis-Thomas-Charles, comte de Ponthieux et autres lieux.

Armes : *écartelé d'or et de gueules.*

PONT-JARNO (de). — Marc de *Pondjarno*, chev., seig^r de Pondjarno, seig^r de Puizant et Aubanie, ancien mousquetaire du roi.

Armes : *d'azur à trois têtes de cygne arrachées d'argent, becquées de sable.*

PORTE (de la). — Antoine de la Porte, chev., seig^r de Forges. — François de la Porte, chev., seig^r du Theil-aux-Servants et autres lieux. — Louis-Gabriel de *Laporte*, chev., seig^r du Rys.

Armes : *d'or au chevron de gueules.*

POTHIER. — François Pothier, écuyer, seig^r de la Vallée.

Armes.....

POUSSINEAU (de). — René de Poussineau, seig^r de Lencloître et autres lieux, chev. de Saint-Louis. — Godefroi *Puissineau* de la Mothe, chev., seig^r de Château-merle. — Philippe-René Poussineau de Vendeuvre, chev. de Saint-Louis. — René Poussineau de Vendeuvre, chev., seig^r de Boisbaudraire, la Fresnaie et autres lieux.

Armes : *d'azur à la fasce d'argent, accompagnée d'un lion d'or rampant en pointe, armé et lampassé de gueules, et en chef d'un poussin d'or, crêté, becqué et patté de gueules.*

POUTE DE NIEUL. — Armand-Claude Poute, marquis de Nieul, comte de Confolens, baron de la Vinatte, seig^r de Dompierre, Saint-Sornin et autres lieux.

Armes : *d'argent à trois pals de sable, au chevron de même brochant sur le tout.*

PRÉAUX (des). — Hilaire-Hector des Préaux, chev., seig^r de Châtillon et de Boussaye.

Armes : *de gueules au lion d'argent.*

PRÉVOST DE SANSAC. — Élie-François Prévost de Sansac, comte de Puybotier. — Jean-François Prévost de Sansac de la Roche-Touchimbert, chev., seig^r de Mondion. — François-Charles-Gabriel *Prévôt-Sansac*, chev., marquis de la Vauxelle, seig^r de Puybotier et la Michelie. — Jean *Prévost-Sansac*, chev., seig^r de la Roche-Grosbois. — Dame Jeanne-Charlotte Chapt de Rastignac, veuve de Auguste-François Prévost de Sansac, marquis de Sansac.

Armes : *d'argent à deux fasces de sable accompagnées de six merlettes de même, posées 3, 2 et 1.*

PRÉVOST. — François Prévost, écuyer, seig^r de la Bottière, ancien capitaine de dragons.

Armes : *d'argent à trois hures de sanglier arrachées de sable, posées 2 et 1.*

PRÉVOT. — Armand-Charles Prévôt, chev., seig^r de Gaymond.

Armes : *d'or à un lion de sinople, couronné, lampassé et armé de gueules.*

PRÉVOT.— Joseph Prévôt de Saint-Vincent, seig^r des Bordes.—François-Prosper *Préyot*, seig^r de la Bouchouère et autres lieux. *(Parenté incertaine.)*

Armes.....

R

RABAINE (de).— Dame Marie-Françoise de Massurau de Painbleau, veuve de Charles de Rabaine, écuyer, seig^r de Govalet.

Armes : *d'argent à la fasce de gueules accompagnée de six coquilles de Saint-Michel, posées 3, 2 et 1.*

RABAULT. — Jean-René Rabault, chev., seig^r des Rollands, Salvert et autres lieux.

Armes : *de gueules à trois fasces d'argent, chargée chacune d'une bande ondée de sable.*

RABREUIL (de) ? — Louis de Rabreuil, écuyer, seig^r de la Boissière.

Armes.....

RACODET (de). — Charles de *Racondet,* seig^r de la Vergne.

Armes : *de sable à trois roses d'argent.*

RAITY DE VITRÉ (de).— Antoine de Raity, marquis

de *Vitrey* et du Bois-Doucet. — Demoiselle Marie-Anne-Thérèse de Raity de Villeneuve-Trans, dame de Bussy.

Armes : *de gueules au cygne d'argent nageant sur une rivière au naturel mouvant de la pointe de l'écu, accosté en chef à dextre d'une comète d'or.*

RAMERU (de). — Léonard de Rameru.

Armes : *d'azur à une croix de deux rameaux d'argent.*

RANGOT (de). — Jacques de Rangot, chev., seig^r de la Bordelière. — Charles-Marie de Rangot, seig^r de la Fresnaye. — Jean-Baptiste de Rangot, chev., seig^r de Banoux. — Dame Françoise Rousseau, veuve de Jean de Rangot, chev., seig^r de la Fresnaye et autres lieux.

Armes : *d'azur à une croix engrêlée d'or.*

RANFRAIS. — Louis-Jacques-Gilles Ranfrais, chev., seig^r de la Bajonnière, ancien chevau-léger de la garde du roi.

Armes : *d'argent à deux clefs en sautoir de sable, à la fleur de lis d'azur en chef.*

RAOULT. — Philippe-Charles *Raoul*, chev., seig^r de la Roche-Maurepas.

Armes : *de gueules à quatre fasces d'argent.*

RAVAULT. — Alexis *Raveau*, chev., seig^r de Saint-Ravant et autres lieux. — Charles-Louis *Raveau*, écuyer, chev. de Biard et la Radelle, lieutenant au régiment de Rohan. — Dame Laurence-Pélagie Brissac, veuve de Pierre-François-René Ravault, chev., seig^r de Biard.

Armes.....

RAVENEL (de). — Dame Louise-Marie de Ravenel, dame en partie de la Rivière.

Armes : *d'argent à une quintefeuille de gueules.*

RAZES (de).— Charles de Razes, chev., seigʳ du Ché, Puygemère, la Bourdillière et autres lieux, ancien chevau-léger de la garde. — Charles de Razes, chev., seigʳ de la Bourdillière et autres lieux (probablement le même). — Philippe-Louis *Dezasse*, écuyer, ancien officier au régiment de Champagne (?). — La comtesse d'Auzance, veuve de Razes. — Dame Henriette-Alexandrine Le Vacher, veuve de Charles de Razes, dame de la Grande-Isle.

Armes : *d'azur à trois pals d'or, au chef d'argent chargé de trois branches de fougère de sinople.*

RAZILLY (de).— Louis-François, marquis de Razilly, brigadier des armées du roi, chev. de Saint-Louis.

Armes : *d'azur à trois fleurs de lis d'argent.*

RECHIGNEVOISIN (de). — Pierre-Charles de Rechignevoisin de Guron, chev., seigʳ marquis de Guron. — Louis-Charles-Dide-Anne de Rechignevoisin, baron de Rechignevoisin, seigʳ d'Andigné.

Armes : *de gueules à la fleur de lis d'argent.*

REGNIER (de). — *Regner* de Lambrunerie, seigʳ du Porteau. — Pierre-Jacques de *Reignier*, écuyer, chev., seigʳ du Penchaux. — Jacques-Philippe *Reigner* de la Bachellerie. *(Parenté incertaine.)*

Armes : *d'argent au lion rampant de gueules, armé, lampassé et couronné d'or.*

REIGNER (de). — Louis de Reigner, chev. — Charles de Reignier.

Armes : *d'azur à trois coquilles d'argent.*

REIGNIÈRE (de la). — Henri-Louis, chev., seig^r de la *Reignère*.

Armes.....

REIGNON (de). — Louis-Bénigne-Jean, marquis de Reignon, seig^r de Simon. — Dame Jeanne-Ursule de Goulenne, veuve du seig^r de *Régnon*, dame de Sauzé. — Henri-Gabriel-Gaspard de *Reignau*, seig^r de Chaligny. — Demoiselle Suzanne-Bénigne de *Reignort* de Chaligny. *(Parenté incertaine.)*

Armes : *d'azur à trois mouches à miel d'or.*

REMIGEOU (de). — François de Remigeou, seig^r de la Fuye, de Nacré et autres lieux.

Armes : *d'azur à trois colonnes d'argent, posées 2 et 1.*

RETOLAUD DE COLOMBIER. — Jean Retolaud de Colombier, seig^r de la Cousse et de Pérusson, ancien gendarme de la garde du roi.

Armes.....

RIBEYREX (de). — Jean-Baptiste de *Ribeyreys*, chev., seig^r du Repaire et autres lieux. — Jean-Baptiste-François de *Ribeyreys*, écuyer, seig^r de Feuillade et autres lieux.

Armes : *d'azur à trois lions d'or, posés 2 et 1.*

RICHARD. — François Richard, écuyer, seig^r du Frétet et Rudepaille. — Pierre Richard, écuyer. — François-Pascal Richard, écuyer, seig^r d'Abnoux. — Richard de la Bertonnalière, aîné, seig^r de la Bertonnière. — François Richard, chev. de Tussac. — Dame Marianne Richard, dame de Puybertin. — Demoiselle Marie Richard, dame de Tussac. *(Parenté incertaine.)*

Armes : *de sinople au chevron d'or à trois pigeons d'argent.*

RICHARDIÈRE. — Dame Julie Richardière, dame de Pousson.

Armes.....

RICHEMONT (de). — De Richemont, seig' de l'Épinay.

Armes.....

RICHETEAU (de). — René de Richeteau, marquis d'Airvault, fondateur de la paroisse d'Adilly. — René-Henri de Richeteau, chev., seig' de la Buratière. --René de Richeteau, marquis d'Airvault, seig' de Clessé, Neury, Adilly, ancien capitaine de cavalerie, officier de mousquetaires, chev. de Saint-Louis. — Henri-Charles-Urbain-René *Richeteau*, chev., seig' de la Coindrie.

Armes : *d'or à un mûrier de sinople chargé de mûres sur une terrasse de même, au chef d'azur chargé de trois étoiles d'or.*

ROBERT DE LÉZARDIÈRE. — Charles-Christophe-Aimé Robert de Lézardière, de la Salle, maréchal des camp et armées du roi, seig' de Malcoste. — Jacques-Paul Robert, marquis *Delzardière*, seig' de la Proutière. — Louis-Jacques-Gilbert Robert, chev., seig' *Delezardière*, baron du Poyroux. — Demoiselle Françoise-Gilbert Robert de la Verrie et du Poyroux. — Spire Robert, chev. de la Verrie.

Armes : *d'argent à trois quintaines de gueules.*

ROBIN DE LA TREMBLAYE. — Charles-Eugène Robin, marquis de la Tremblaye et de Mortagne. — Robin, seig' de la Roche-Sissay. — Claude-Amable-

François Robin de la Tremblaye, chev., seig^r de la Tremblaye.

Armes : *de gueules à deux clefs d'argent passées en sautoir, accompagnées en chef d'une coquille d'argent, et d'une coquille d'or dans chacun des autres cantons.*

ROBINEAU (de). — De Robineau, seig^r de plusieurs fiefs en Poitou. — Gabriel-Georges-Joachim *Robineau*, chev., seig^r de la Chauvinière, Saint-Georges, Lavergne, etc. — Jérôme-Joachim *Robineau* de la Rochequairie, seig^r dudit lieu.

Armes : *de gueules à une croix ancrée d'argent, au chef d'argent chargé de cinq tourteaux de gueules.*

ROCHARD. — Gabriel-Henri Rochard, écuyer, seig^r de Landebugère, lieutenant des Maréchaux de France.
Armes.....

ROCHE (de la). — Louis-Charles-Auguste de la Roche, chev., marquis de la Groix, seig^r de Bornais, la Cour, etc., lieutenant aux Gardes françaises.
Armes.....

ROCHECHOUART (de). — Victurniers-Jean-Baptiste-Marie de Rochechouart, duc de Mortemar, pair de France, prince de Tonnay-Charente. — Dame Marie-Victoire Bouchey, veuve de Louis-François-Marie de Rochechouart, vicomte de Rochechouart.

Armes : *fascé ondé d'argent et de gueules de six pièces.*

ROCHEFOUCAULD (de la). — Louis-Alexandre, duc de la Rochefoucauld, pair de France. — François-Marie, chev. de la Rochefoucauld, seig^r du Puy-Rousseau et

Saint-Hilaire-de-Rie. — Pierre-Louis-Marie de la Roche-foucauld, seig^r de la Rochebourneuf. — Dame Louise-Élisabeth de la Rochefoucauld, duchesse de Damville, dame de la Roche-d'Icou et Marsillac.

Armes : *burelé d'argent et d'azur de 10 pièces, à trois chevrons de gueules brochant sur le tout, le premier écimé.*

ROCHEFOUCAULD - BRAYERS (de la). — Jacques-Louis de la Rochefoucauld-Brayers, chev., seig^r de Beau-lieu. — Pierre-Louis-Marie de la Rochefoucauld-Brayers, capitaine de vaisseau, chev. de Saint-Louis. — Jacques-Louis de la Rochefoucauld-Brayers, seig^r du Plessis-Landry et autres lieux.

Armes : *(Comme ci-dessus.)*

ROCHES DE CHASSAY ET MARIT (des). — Etienne des Roches de Marit, écuyer, seig^r dudit lieu, chev. de Saint-Louis. — Louis *Desroches* de Chassay, écuyer, seig^r de Fressines, les Ramberties et autres places. — Jean des Roches de Chassay, écuyer, chev., seig^r de Cluzeau et autres lieux. — Alexis des Roches, seig^r de Chassay.

Armes : *d'azur à la lance brisée d'or.*

ROCHE SAINT-ANDRÉ (de la). — Louis-Marie, mar-quis de la Roche Saint-André et autres lieux. — Augus-tin-Joseph *Laroche* Saint-André, seig^r de Gourdeau. — Louis-Alexandre, comte de la Roche Saint-André, seig^r de la Forêt, lieutenant de vaisseau. — Charles, chev. de la Roche Saint-André, seig^r de Libeau et autres lieux. — Charles-Henri de la Roche Saint-André, seig^r du Tail.

Armes : *de gueules à trois rocs d'échiquier d'or, posés 2 et 1.*

ROCHE-THULON (de la). — Le marquis de la *Roche-Toulon.* — Claude-Philippe-Anne-Thibault, marquis de la Roche-Thulon, seig^r de Baudiment.

Armes : *d'argent au chevron d'azur et au chef de même.*

ROCHETTE (de la). — Dame Anne-Bonne-Adélaïde de Boisson de la Courazière, veuve de la Rochette, dame de Saint-Florent-du-Bois et autres lieux.

Armes.....

ROCHE-VERNAY (de la). — Dame Françoise-Louise d'Archambault, veuve de Henri-Armand de la Roche-Vernay, chev. — Henri-Armand de la Roche-Vernay, capitaine au régiment de Touraine.

Armes.....

ROCQUART (de). — Jean de Rocquart, écuyer, sieur du Maine. — Jean de *Roquart,* écuyer, seig^r de Sorette.

Armes.....

ROGIER. — Charles-Michel Rogier, chev., seig^r de Thieurs, Rouilly, Volebrin, etc. — René-Charles-Louis-Philippe Rogier, écuyer, seig^r de Rhotemont.

Armes : *d'azur à trois roses d'or, posées 2 et 1.*

ROHAN (de). — Charles-Armand-Jules de Rohan, prince de Rohan-Rochefort, seig^r de Begrion et autres lieux.

Armes : *de gueules à neuf macles d'or, 3, 3, 3.*

ROMANET (de). — Raimond-Laurent-Joseph de Romanet de Beaune, seig^r de Beaune, les Bordes, la Combe, etc.

Armes : *d'argent au chevron d'azur, chargé d'une étoile d'argent, surmonté d'un lambel de gueules.*

RORTHAIS (de). — Louis-Augustin de Rorthais, seig^r de la Pouplinière. — Guillaume-Gabriel *Derortais*, seig^r de la Rochette et autres lieux. — Gilbert-Alexandre de de *Rortais*, comte de Marmande, chev., seig^r de corps, maréchal de camp, chev. de Saint-Louis.

Armes : *d'argent à trois fleurs de lis de gueules, à la bordure de sable besantée d'or.*

ROSSI (de). — Louis-Philippe de *Rossé*, chev., seig^r de Rorteau. — Louis-Alexandre de Rossi, chev., seig^r de la Caillaudrie et Fraigneau.

Armes.....

ROSSIGNOL DE LA COMBE. — Louis Rossignol de la Combe, seig^r de Sceaux et autres lieux.

Armes.....

ROUAULT. — Dame veuve de Pierre *Rouhault*, chev., seig^r des Raillères, etc.

Armes : *de sable à deux léopards d'or l'un sur l'autre.*

ROUGEMONT (de). — Dame Marie-Modeste Leguis, veuve de *Rouchemont*.

Armes : *d'argent à une montagne de gueules, flambante d'or.*

ROUGIER. — Jacques-Alexandre Rougier, chev.,

seig^r de la Bonnière et la Rambourgère , ancien officier d'infanterie.

Armes : *(Probablement comme Rogier.)*

ROULIÈRE (de la). — Jean-Baptiste-Anne-Richard de la Roulière , seig^r de la Hunaudaye.

Armes : *d'or à une roue de sable soutenue d'une molette de même.*

ROULIN DE BOISSEUIL. — Charles Roulin de Boisseuil, chev., seig^r de Boisseuil , Châteaudin, les Louardières, etc., ancien chevau-léger.

Armes : *d'azur à deux chevrons d'argent, accompagnés de trois quintefeuilles de même, 2 en chef et 1 en pointe.*

ROUSSAY (du). — Jean-Pierre *Deroussay* , seig^r de Champeaux.

Armes.....

ROUSSEAU DE LA FÉRAUDIÈRE.— Louis-Antoine Rousseau de la Féraudière, seig^r de la Boissière, chev. de Saint-Louis.

Armes.....

ROUSSEAU (du). — François *Durousseau*, chev. , seig^r de Ferrières. — André *Durousseau* de Fayolle, chev., seig^r de Comporté.

Armes : *de gueules au chevron d'argent, accompagné de trois besants de même, au chef d'argent chargé de trois losanges de gueules.*

ROUX (de). — Louis-Jean-Baptiste de Roux, chev., seig^r du Mas.

Armes : *d'azur à trois fasces d'argent.*

ROY. — Louis Roy, chev., seig' de Parnay-le-Monceau et autres lieux.

Armes.....

ROY (le). — Élie-Nicolas Le Roy, écuyer, seig' de la Fa, capitaine au bataillon de garnison de Saintonge. — Pierre-Augustin Le Roy, écuyer. — Jean Le Roy, écuyer, chev., seig' de Lanchère et Loubrie. — Le Roy de Preuilly, ancien gendarme de la garde du roi. *(Parenté incertaine.)*

Armes.....

ROYRAND (de). — Charles de Royrand, seig^r de la Roussière et de la Brunière, élève de la marine. — Charles-Augustin *Roirand*, chev. de la Roussière et la Ragaunerce, chev. de Saint-Louis.

Armes : *d'azur à un rencontre de taureau d'or, sur-monté de trois étoiles de même en fasce.*

ROZET (du) ? — *Durozel*, seig' de la Perlottière. — Demoiselle Marie *Durozel*, dame de Beaurepaire.

Armes.....

S

SAINT-FIEF (de). — Gabriel de Saint-Fief, chev., seig^r du ...., capitaine d'artillerie.

Armes : *d'azur à un chevron d'argent accompagné de trois croix pattées du même, 2 en chef et 1 en pointe.*

SAINT-GEORGES (de). — Charles-Olivier de Saint-Georges, marquis de Couhé-Vérac, seig' de Larcher et autres lieux, maréchal de camp. — François de Saint-

Georges, seig^r de Fraisse. — Jean-Baptiste-Michel de Saint-Georges, seig^r d'Aubis.

Armes : *d'argent à la croix de gueules.*

SAINT-SAVIN (de). — Gaspard de Saint-Savin, seig^r de Commersac. — Jean de Saint-Savin, seig^r de Malbœuf.

Armes : *d'azur à une fasce ondée d'argent, accompagnée de cinq fleurs de lis de même, 3 en chef et 2 en pointe.*

SALIGNAC-FÉNELON. — André-Emmanuel de *Salignat*-Fénelon, chev., seig^r et baron de Cochômes et Lafond.

Armes : *d'or à trois bandes de sinople.*

SALLO (de). — Gabarin, seig^r de Puymain, comme curateur de demoiselle Henriette. — Fortunée-Jacquette de *Salo*, dame du Plessis-Sallo.

Armes : *de gueules à trois rocs au fer de lance émoussés d'argent, posés 2 et 1.*

SANGLIER (de). — Alexandre de Sanglier de la Plaine, lieutenant d'infanterie. — Jean-Nérée de Sanglier, chev., seig^r de la Fontaine.

Armes : *d'or à un sanglier de sable denté d'argent, au chef d'azur chargé d'un croissant d'argent accosté de deux étoiles d'or.*

SANZAY (de). — Dame Marie Ligier de la Sauvagère, veuve de Pierre *Sanzay*, dame de Vautebis, Chantecorps et Clavé.

Armes : *d'argent à la tour maçonnée de sable sur une terrasse de sinople, à deux étoiles de même en chef.*

SAPINAUD. — Charles–Daniel Sapinaud, chev., seig^r des Noues et de la Rerie. — Charles-Henri-Félicité Sapinaud, chev., seig^r de Sourdis et autres lieux. — Louis-Célestin Sapinaud, chev., seig^r de la Verrie.—Dame Ambroise Latour, veuve de Prosper Sapinaud de Bois-Huguet, chev., seig^r de Bois-Huguet et autres lieux.

Armes : *d'argent à trois merlettes de sable.*

SAUVESTRE DE CLISSON ? — Dame Agathe-Geneviève de Clisson et autres lieux (comtesse des Mothes).

Armes : *palé d'argent et de sable de six pièces, chargé au 1er de trèfles de gueules sans nombre.*

SAVATTE (de). — Gabriel-Augustin-Pierre-Hilaire de Savatte, chev. de Genouillé, officier d'infanterie. — Gabriel-Louis-Mathieu–François de Savatte, chev., seig^r de Genouillé et Saint-Georges. — Joseph-Louis-Charles de Savatte de Genouillé. — Pierre *Savatte*, seig^r de la Tessonnière et de la Fond, chev. de Saint-Louis, pour ses fiefs de la Tessonnière et de Vendeuvre. — Jacques *Savatte-Ducoudray*, propriétaire du fief du Coudray.—Dame Radegonde de Maison–Dieu, mère du précédent. — Jacques-Hubert *Savatte* de la Motte, chev., seig^r de la Roche-Hudon et autres lieux.

Armes : *d'azur à une savatte d'or en pal.*

SAVIGNAC (de). — Pierre de Savignac, écuyer, seig^r des Roches, la Tour-Breton et la Seguinière, ancien mousquetaire de la Garde, lieutenant des Maréchaux de France.

Armes : *coupé au 1er d'azur à trois étoiles d'argent, au 2e d'argent à une rose de gueules.*

SAYETTE (de la). — Antoine-François, chev. de la

Sayette, officier au régiment de Royal-Piémont.—Charles, chev. de la Sayette, seig^r de la Tour-de-Chiré.—Honoré de la Sayette, chev., seig^r de la Sayette, le Pont-Devis et autres lieux, chev. de Saint-Louis.— Antoine-Marie-Honoré de la Sayette, chev., seig^r de Peyrajoux.

Armes : *d'azur à trois fers de lance d'argent à l'antique.*

SCOURIONS (de). — Louis de Scourions de Boismorand, seig^r d'Antigny. — François de Scourions, seig^r de Bellefond et autres lieux, officier de la marine royale. — Dame Marie d'Argies, veuve de Scourions, chev., seig^r d'Antigny, dame de Bouzenier.

Armes : *d'azur à trois gerbes d'or.*

SÉCHERRE (de). — Jean de Sécherre, écuyer, seig^r de Cossac.

Armes.....

SERIN.— Henri-Marc Serin, chev., seig^r de la Cordinière. — Antoine-Marie Serin, chev., seig^r de la Cordinière. — Louis-Calixte Serin de la Girardière, chev. de Saint-Louis.

Armes : *d'argent au sautoir de gueules.*

SERVANTEAU (de).— Charles-André-Augustin-Marie *Servanteau* de l'Échasserie, commissaire des Marches. — Charles-François de Servanteau, chev., seig^r des Essarts. — Henri *Servanteau*, seig^r de la Brunière.

Armes.....

SICARD DE LA BRUNIÈRE. — Charles-François Sicard de la Brunière, Chantefren et autres lieux.

Armes : *d'azur à trois étoiles d'or, 2 en chef et 1 en pointe.*

SIMON. — Jean-Baptiste-Jacques-Vincent Simon, chev., seig^r de Galissau, les Salles, Grué et autres lieux. —Jean Simon, écuyer, seig^r de la Barde et autres lieux.

Armes : *d'azur à un chevron d'or accompagné en chef de deux roses d'argent, et en pointe d'une flamme de même.*

SIMONEAU (de). — Demoiselle Marie-Catherine de Simoneau Girassac, dame de Mouzay.

Armes : *d'argent à trois manchettes d'hermine de sable.*

SOCHET.— Sochet, seig^r des Touches, chef d'escadre, commandeur de Saint-Louis.

Armes : *d'argent à trois merlettes de sable.*

SOUHAULT (de). — Armand, vicomte de Souhault, colonel de cavalerie, seig^r de Brignon.

Armes.....

SOULARS. — Pierre-Jean-Marie Soulars, écuyer, seig^r de la Rochereau et de Laudonnière.

Armes : *d'argent à un soulier de sinople.*

SOULIERS (de). — Louis-Suzanne de Souliers, chev.
Armes.....

SURINEAU.— Augustin-Marie-Charles Surineau de la Ménallière, seig^r de Saint-Vincent, Champ-Saint-Père et autres lieux. — Jean-Henri-Modeste Surineau de Brun, seig^r de Cour-de-Brun.

Armes : *d'or à trois cœurs de gueules, posés 2 et 1.*

SUYROT (de). — Charles de Suyrot, seig^r du Mazeau et autres lieux.

Armes : *gironné d'argent et de gueules de huit pièces,*

les girons d'argent chargé chacun de trois fasces de
gueules.

SUZANNET (de). — Pierre-Alexandre-Gabriel de Su-
zannet, chev., seig^r de la Cherbière, la Gestière, la For-
trie, la Rouillasse, etc., chev. de Saint-Louis, capitaine
de vaisseau.

Armes : *d'azur à trois cornettes d'argent, posées 2*
et 1.

T

TAVEAU (de). — François-Alexandre *Taveau,* baron
de Morthemer. — Jacques *Taveau,* chev. — Gaspard-
François *Thaveau,* chev., seig^r de l'Age, Courbe et autres
lieux.

Armes : *coupé d'or et de gueules à deux pals de vair*
sur le tout.

TAZAY (de). — Dame Gabrielle-Rose-Marie-Modeste
de Savatte, veuve de Jean de Tazay, écuyer, seig^r de
Vousne et autres lieux, tutrice de ses enfants.
Armes.....

TELLIER (le). — Dame Charlotte-Bénigne Le Ragois
de Bretonvilliers, veuve de Charles-François-César Le
Tellier, marquis de Montmirail.
Armes.....

TEXIER. — Henri-Polycarpe Texier, chev., seig^r de
Saint-Germain.
Armes : *de gueules à trois navettes d'or, 2 et 1.*

THARNING? — Jean-Baptiste Tharning (ou Marning), écuyer, seig^r de Laurière.

Armes.....

THÉRONNEAU (de). — René-Louis de Théronneau, seig^r de Bellenoue. — Charles-Henri *Théranneau*, seig^r du Fougeray.

Armes : *de gueules à la fasce d'argent, accompagnée de trois besants de même, posés 2 et 1.*

THIBAULT DE NEUCHAIZE. — Thibault de Neuchaize. — Jacques-Pierre Thibault, chev., seig^r de *Neuchèze.* — Marie Thibault, veuve de Jacques Thibault de *Neuchèze*, dame de Saint-Denis.

Armes : *d'azur à la tour d'argent maçonnée de sable, au chef d'argent chargé d'un croissant d'azur accosté de deux sautoirs alésés de gueules.*

THIBAULT D'ALLERY. — Jean-Baptiste-Henri Thibault d'Allery, chev. de Saint-Louis, seig^r de Soulve.

Armes : *(Comme le précédent.)*

THOREAU DES ROCHES. — René Thoreau des Roches, chev. de Saint-Louis.

Armes : *d'azur à un taureau furieux d'or.*

TINGUY (de). — Marie-François-Joseph de Tinguy, chev., seig^r de la Sierre.— Benjamin de Tinguy, seig^r de Bessay et Saunay. — Pierre-Alexandre-Benjamin de Tinguy, chev., seig^r de la Livray.— François *Tinguy*, chev., seig^r de la Maulière. — Louis-Ferdinand *Tinguy*, chev., seig^r de Nesmy.—Dame Marie-Élisabeth de Montsorbier, veuve de Charles-Louis *Tinguy*, dame de Fiessy.

Armes : *d'azur à quatre fleurs de lis d'or cantonnées.*

TOUZALIN. — Jean-Charles *Thouzalin,* chev. de Lus-sabeau, chev. de Saint-Louis.— Charles-Rémy Touzalin, écuyer, seig⟨r⟩ de Penbleau, Lussabau et la Brelinière. — Eustache *Touchalin,* chev., seig⟨r⟩ de la Pelletière.

Armes : *de sable à la fasce ondée d'argent, soutenant en chef un lion passant armé et lampassé de même, et accompagné en pointe d'un chevron renversé d'argent, à la croisette de même en abîme.*

TOUSCHE (de la). — Louis de la *Touche,* chev., seig⟨r⟩ de la Guillonnière et la Grande-Guilbaudière.— Bernard-Donatien de la *Touche,* chev., seig⟨r⟩ de la Guichière. — Bernard-François-Charles de la *Touche,* seig⟨r⟩ de Saint-Cestre.

Armes : *d'or au lion de sable, armé, couronné et lampassé de gueules.*

TREHAN (du) ? — François-Joseph *Dutrehan,* chev., seig⟨r⟩ de la Jarrie, chev. de Saint-Louis.

Armes : *gironné d'argent et de gueules de douze pièces.*

TRÉMOILLE (de la). — Duc de la *Trémouille,* pour toutes ses propriétés du Poitou.

Armes : *d'or au chevron de gueules, accompagné de trois aiglettes d'azur becquées et membrées de gueules, posées 2 et 1.*

TROCHET (du). — Joachim du Trochet, chev. de la Boutinière. — Louis-René-Frédéric du Trochet, chev., seig⟨r⟩ de Néon. — Dame Madeleine Albert de Blet, veuve de René-Jacques du Trochet, dame de la Chardonnière.

Armes : *d'azur à cinq pals d'or.*

TRUDAINE DE LA SABLIÈRE.—Charles-Michel Trudaine de la Sablière, seig^r de Levaudière, conseiller au Parlement de Paris.

Armes : *d'or à trois daims de sable.*

TUDERT (de). — Le vicomte de Tudert de Saint-Étienne. — François-Geneviève, comte de Tudert, brigadier des armées du roi.— Anne-Charles, vicomte *Detudert,* seig^r de la Cochonnière.

Armes : *d'or à deux losanges d'azur, au chef d'azur chargé de trois besants d'or.*

TULLAYE (de la). — Henri-Robert de la Tullaye, chev.; seig^r de Varenne, Angliers, etc.

Armes : *d'or au lion rampant de gueules.*

TURPIN (de). — Charles-René, comte de Turpin de Touche, seig^r du Breuil-Malmeaux. — Charlotte-Antoinette-Julie, comtesse de Turpin de Jouhé. — Anne-Victoire-Aglaé de Turpin de Jouhé. — Dame Madeleine de *Turpain*, dame de Villernac.

Armes : *d'azur à trois besants d'or, posés 2 et 1.*

TUSSAC (de). — Antoine-Gabriel-Richard de Tussac, chev., seig^r de Pouzioux. — François-Richard, chev. de Tussac.

Armes.....

TUSSEAU (de). — Henri-Alexis-Joseph-Aimé de Tusseau, chev., seig^r de Maisontiers. — Charles-René de Tusseau, chev., capitaine au régiment de Bretagne, chev. de Saint-Louis. — Pierre *Tusseau*, écuyer. — Jacques *Tusseau*, écuyer.

Armes : *d'argent à trois croissants de gueules, posés 2 et 1.*

TUTEAU ? — Louis d'*Uteau*, chev., seig^r de l'Age, Bâton et autres lieux.

Armes : *d'argent à trois fasces ondées d'azur.*

V

VALSCH ? — Antoine *Valet*, seig^r de Chassenon.

Armes : *d'argent au chevron de gueules, accompagné de trois phéons de sable.*

VALLEAU DE CHABREFY. — Jean Valleau de Chabrefy , écuyer, seig^r de Gourville , Moulins , Bonneville et autres lieux.

Armes : *parti, au 1er au vol abaissé de sable, au 2e d'argent à un mur de trois copeaux de sable, le plus haut sommé d'un coq de même.*

VANDEL (ou VAUDET) (de). — René-Pierre de Vandel, chev. de Saint-Louis, seig^r de la Touche-Monbrard, la Martinière et autres lieux.

Armes.....

VAREILLES (de). — Dominique de Vareilles de Saint-Hilaire. — Louis-Charles de Vareilles de Rocheix, chev., seig^r de Saint-Hilaire.

Armes : *burelé d'or et d'azur.*

VASLIN (de). — Augustin-Charles-François de Vaslin, seig^r de Lorbrie.

Armes.....

VASSÉ (de). — Pierre, marquis de Vassé, chev., seig^r de la Roche-Faton, ancien capitaine de dragons, chev. de Saint-Louis. — Urbain, comte de Vassé, lieutenant au régiment des Gardes françaises, seig^r de Château-Couvert.

Armes: *d'or à trois fasces d'azur.*

VASSELOT (de). — Simon-Louis de Vasselot, seig^r de la Cheize et du Quéroux. — Jean-Alexis-Marie, comte *Nafralot*, chev., capitaine de dragons, seig^r du Châteignier, Saint-Mesmin, Guiroche, etc. — Martin-Alexis-François, vicomte de Vasselot. — Jean *Vasselot*, seig^r de Royère. — Auguste-Jules, baron de Vasselot, seig^r de Charlet.

Armes : *d'azur à trois guidons d'argent futés d'or, posés en bande.*

VAUCELLE (de). — Louis de Vaucelle, ancien capitaine au régiment de la Reine-Infanterie. — Pierre-André de Vaucelle, seig^r de la Loubaudière, la Varenne et autres lieux, chev. de Saint-Louis.

Armes : *d'argent au chef de gueules chargé de sept billettes d'or, posées 4 et 3.*

VAUGIRAUD (de). — Pierre-Joseph de Vaugiraud, capitaine aux Gardes françaises, chev. de Saint-Louis. — Pierre-Eusèbe de Vaugiraud, chev., seig^r de Vaugiraud. — François-René-Joseph de Vaugiraud, seig^r de Rouay.

Armes : *d'azur à un aigle à deux têtes d'argent.*

VAZ DE MELLO. — Dame Marie-Marguerite Charette, veuve de André-Alexandre Vaz de Mello, seig^r de Barot.

Armes.....

VEAU (le). — Louis-René Le Veau de Rivière, seig^r de Pont-Amboisé et autres lieux.

Armes.....

VENOURS (de). — Jean-Pierre *Devenours* de la Maison-Neuve, chev., seig^r de Venours.

Armes.....

VERGIER DE LA ROCHEJACQUELEIN (du). — Henri-Louis-Auguste du Vergier, marquis de la Rochejacquelein, maréchal des camp et armées du roi.

Armes : *de sinople à la croix d'argent, chargée en cœur d'une coquille de gueules et cantonnée de quatre coquilles d'argent.*

VÉRINE (de). — François de Vérine. — Antoine-Joseph de Vérine, chev. seig^r de Saint-Martin-le-Maux et autres lieux.

Armes : *d'argent à trois bandes de gueules, celle du milieu chargée de trois coquilles d'or.*

VERNOU (de). — Charles-Gaston de Vernou de Bonneuil, chev. de Saint-Louis, ancien capitaine d'infanterie. — Dame Marie-Madeleine Nadaud du Trecq, veuve de Vernou, dame de Bonneuil.

Armes : *d'or au chevron de gueules, accompagné de trois croissants d'azur, 2 en chef et 1 en pointe.* Alias : *d'azur au croissant d'argent.*

VERRIÈRES (de). — Dame Élisabeth de Farouïl, veuve de Patrice, chev., seig^r baron de Verrières, seig^r du Plain. — De Verrières, seig^r de Verrières.

Armes.....

VERTEUIL (de). — Thomas de Verteuil, chev., seig^r de Saint-Léger, la Gobinière, etc. — Jacques-Alexis de Verteuil.

Armes : *d'argent à trois losanges de gueules.*

VEZIEN DE CHAMPAGNE. — Louis Vezien de Champagne, écuyer, seig^r de la Léguier. — Étienne-Julien Vezien de Champagne, écuyer, seig^r de Boisrobert et autres lieux. — François Vezien, chev. de Champagne.

Armes : *de gueules à un loup d'or.*

VEZEAU DE LA VERGNE (de). — Gilbert de Vezeau de la Vergne, chev., seig^r de la Colinière, chev. de Saint-Louis.

Armes.....

VIARD (de). — Jean-Jacques-François-Catherine de Viard, chev. de Saint-Louis, major des vaisseaux du roi. — Henri-Louis *Viard,* seig^r de la Roche-Aguet. — Henri-Louis *Viard,* seig^r de la Motte-d'Usseau, Vaucelle et autres lieux.

Armes : *d'or au phénix de sable sur un bûcher de gueules, au chef d'azur chargé de trois coquilles d'argent.*

VIAULT. — Charles-Henri-René-Marie Viault, chev., seig^r de Pressigny. — Jacques-Charles-Henri Viault, seig^r de Breuillac. — René Viault de Pontlevain, seig^r de Boisrobinet. — Dame Anne-Louise-Françoise Viault, dame de Pilvoine. — Dame Henri-Rose-Pétronille de la Coste, veuve de Viault, et Louise-Charlotte Viault, sa fille, dames du Breuil.

Armes : *d'argent au chef de gueules à trois coquilles de sable, 2 et 1.*

VIDAUD (de). — De Vidaud, seig^r de Saint-Clair.
Armes.....

VIEUX (de). — Jean-Firmin de Vieux, seig^r du Pin.
— Dame Catherine Servanteau, veuve de Jean-Philippe
de Vieux, seig^r du Grand-Pin.
Armes : *palé d'argent et de gueules, à l'épée d'argent
brochant en bande.*

VIGIER (du). — Jacques-Bernard *Vigier*, écuyer,
seig^r du Grand-Mazais. — Jacques-Bernard *Vigier*, fils.
— Jean-Baptiste du Vigier, comte de Mirabal, capitaine
de dragons.
Armes : *d'azur à trois heaumes d'argent.*

VIGNIER (de) ? — Hilaire de Vignier, écuyer, seig^r
des Cosses.
Armes : *d'or au chef de gueules, à la bande componée
d'argent et de sable.*

VIGOUREUX. — Charles-François-Marie Vigoureux,
écuyer, seig^r de la Roche.
Armes : *d'argent à cinq losanges de gueules en sautoir.*

VILLAINE (de). — Bonaventure-Louis de Villaine de
la Bartière.
Armes : *écartelé, aux 1 et 4 d'azur au lion passant d'or,
aux 2 et 3 de gueules à neuf losanges d'or.*

VILLE DE FÉROLLES (de la). — Marie-François-
Charles-Antoine de la Ville de Férolles, marquis des
Dorides, capitaine aux Gardes françaises, seig^r de Suzan-

net, la Douée, Saint-Clémentin, la Jaudonnière et autres lieux.

Armes : *d'argent à la bande de gueules.*

VILLEDON (de). — Charles-Joseph-François de Ville-don, chev., seig^r de la Chevrelière et de Gournay.

Armes : *d'argent à trois fasces ondées de gueules.*

VILLE-FAVARD (de). — Le chevalier de Ville-Favard, seig^r de la Rivalière et autres lieux.

Armes : *d'argent à une ville de gueules accompagnée de trois aigles d'azur, 2 et 1.*

VILLIERS. — Dame Marie-Renée de Villiers de la Laurencie, de la Roche, dame de Maillé et autres lieux.

Armes.....

VOYER D'ARGENSON (le). — Marc-Marie-René Le Voyer, comte d'Argenson, gouverneur du château de Vincennes, lieutenant–général de la province de Tou-raine, officier de dragons, seig^r des Ormes.

Armes : *écartelé, aux 1 et 4 d'azur à deux léopards d'or couronnés de même, armés et lampassés de gueules, qui est Voyer; aux 2 et 3 d'argent à la fasce de sable, qui est d'Argenson ; et sur le tout le lion de Saint-Marc ailé, aussi d'or, tenant l'épée nue et le livre ouvert d'argent sur lequel se lit :* Pax tibi marce.

VOYNEAU (de). — Michel-Prosper, chev. de Voyneau de Maison-Neuve. — Louis-Athanase-François *Voyneau*, chev., seig^r du Plessis, Mauclerc et autres lieux. — Jean-

Baptiste-Jacques *Voyneau* de la Barbinière, chev., seigʳ
d'Onon, Villeneuve, les Ouches et autres lieux.

Armes : *d'argent à un massacre de cerf de sable, surmonté d'une étoile de même.*

VOYRIE (de la). — Charles-Auguste de la Voyrie,
seigʳ de la Dommagère. — André-Jacques-Robert de la
Voyrie, seigʳ de la Grossière. — Pierre-Arthur de
Voierie, chev. dudit nom.

Armes : *de gueules à trois coquilles d'argent, posées
2 et 1.*

Les noms de quelques familles nobles appartenant au Poitou
manquent sur le *Rôle officiel de convocaiion* qui nous a servi
de guide, et dont nous ne pouvions nous écarter : cela tient à
ce que les représentants de ces Maisons étaient absents de la
Province à l'époque de le Convocation, ou trop jeunes pour
prendre part au vote.

— FIN —

Poitiers. — Imprimerie et stéréotypie Boileau et Raimond.

www.ingramcontent.com/pod-product-compliance
Lightning Source LLC
Chambersburg PA
CBHW052217270326
41931CB00011B/2391